STATUES

DU

PONT LOUIS XVI.

On trouve chez le même Editeur :

Une *Lithographie*, *format in-folio*, représentant les deux *bustes de saint Pierre et de saint Paul*, dessinés d'après les bronzes donnés par le saint Père à monseigneur l'archevêque de Paris. PRIX : 6 francs.

IMPRIMÉ CHEZ PAUL RENOUARD,
RUE GARENCIÈRE, N° 5, F. S.-G.

STATUES

DU

PONT LOUIS XVI,

AVEC

LE PLAN ET LA COUPE DE CE MONUMENT;

DESSINÉES ET GRAVÉES

PAR J.-N.-M. FRÉMY, PEINTRE,

L'UN DES ARTISTES QUI ONT EXÉCUTÉ LA *Collection des Annales du Musée* DE LANDON;

ET CHARGÉ ACTUELLEMENT DES DESSINS DE LA *Collection du Musée des antiques* DE M. LE COMTE DE CLARAC;

SUITE

DE GRAVURES *au trait, accompagnées de notices historiques par M. Alfr. F...*

A PARIS,

CHEZ M. FRÉMY, ÉDITEUR,

QUAI DES AUGUSTINS, N° 17;

ET CHEZ JULES RENOUARD, LIBRAIRE,

RUE DE TOURNON, N° 6.

1828.

Honorer la mémoire des hommes illustres, c'est propager le feu sacré, celui qui fera renaître les mêmes caractères et les mêmes vertus. Une statue, un hommage public peuvent éveiller dans la foule, au sein d'une âme qui ignore sa force, l'émotion qui la poussera irrésistiblement à quelque chose de sacré, de grand. Sans cette circonstance, peut-être que ce noble feu se fût éteint de lui-même, sans qu'on eût même vu ses étincelles.

Les images des vertus héroïques et du génie nous attendrissent, et nous communiquent, pour ainsi dire, de leur dignité. On se sent élevé par elles. Que la tradition populaire de ces beaux souvenirs soit toujours un bienfait pour la société, cela est incontestable. Le gouvernement fait très bien alors de les rappeler par des statues, par des images frappantes, dues aux plus habiles artistes : ces souvenirs échauffent d'autres âmes, et les préparent à de beaux efforts. Voyez César contemplant avec émotion le buste d'Alexandre : ce marbre lui a révélé son génie.

« On sent en soi-même un secret plaisir à voir « ces statues des grands hommes, à les approcher » (1). Elles sont d'un effet si vif « chez ce peuple « fidèle à la gloire, adorateur des grands hommes, « et qu'on trouve toujours à leur suite. » (2)

Être convaincu de ce qu'auront toujours d'heureux ces influences et les protéger, c'est être de ce siècle éclairé, et après tout plein de judicieuses doctrines; c'est se saisir de l'un des ressorts .qui peuvent régner encore sur l'âme humaine. Dans les anciennes sociétés, pour agrandir les hommes il faut susciter leur plus vive ambition, toutefois, en lui donnant un but utile.

Ces effets sur quelques-uns et sur la foule, des honneurs publics consacrés à retracer les services illustres, n'ont besoin que d'être indiqués, et on se les explique facilement. Ils n'étaient pas moins bien aperçus dans l'ancienne monarchie; aussi le pouvoir y favorisait ces influences.

Charles X, qui aime à suivre les traditions éprouvées, ne pouvait point dédaigner les plus sages. Il arrive sur les traces, encore quelque peu confuses, mais si profondes de l'empire : on doit donc espérer qu'il fera terminer les édifices qui furent ébauchés, il y a plus de vingt années,

---

(1) Montesquieu.

(2) Fontanes.

dans la vue d'élever encore la splendeur nationale; qu'il affermira ce qui est utile et grand, quelles que soient les mains qui l'aient commencé. Roi du sang de Henri IV, il a son âme noble et éclairée; il oubliera, pour ne voir que ce but, le bonheur de la France.

Déjà il prête appui à l'homme d'état habile qui marche, dirigé par cette idée, de nous donner les établissemens que réclame notre civilisation, soit dans la société, soit dans les études. Ne voyons-nous pas, depuis le ministère de M. de Martignac, renaître au pouvoir ce goût passionné des lettres qui s'y était toujours conservé depuis Richelieu, et une vive sollicitude pour les talens? Ne voyons-nous pas paraître des institutions qui étaient dans les besoins publics; se relever des chaires scientifiques que des mains barbares avaient abattues? La couronne, grâces à ces actes éclairés et justes, a monté tout-à-coup à la popularité qui l'environne, qu'elle mérita toujours, mais qu'écartèrent trop long-temps des mains malhabiles ou coupables.

Ce sera quelque chose de bien honorable pour ce ministre vigilant que cette protection éclatante, après tant d'actes vandales, donnée aux vieilles illustrations de la patrie. Il se sera associé à quelque chose de leur renommée en la rappelant par des statues. Nous ajouterons, puisqu'il est permis de l'espérer, qu'incessamment une plus vaste justice sera rendue à la suite de nos annales; que les temps rapprochés de nous auront leur tour, et que d'autres monumens, selon les probabilités, vont s'élever pour consacrer les grands souvenirs de nos vingt-cinq années de domination sur l'Europe.

La couronne de France, ce berceau si élevé de notre gloire, rajeunirait son éclat par l'adoption entière de tant d'illustrations récentes, fruits du plus noble sang versé sur les champs de bataille, d'admirables entreprises, accomplies en Europe, et jusque dans les mers et les sables de l'Égypte; de tant d'activité d'âme, de tant de découvertes savantes et utiles. La nation aime cette gloire comme l'œuvre de ses enfans, et elle est populaire dans toutes ses classes. Aussi les monumens qui lui seront élevés exciteront à un haut degré la reconnaisance publique.

En éteignant l'esprit de parti, en relevant d'heureuses influences, le gouvernement remplit, assurément, une noble partie de sa tâche. Il fera davantage pour sa gloire, s'il accepte enfin le legs de ces magnifiques trophées qui seront désormais ses points d'appui dans l'opinion de l'Europe. Affermi par eux, il sera adoré dans notre jeune France. C'est qu'on verra sa pensée s'attacher sur la suite des travaux des Monge et des Lagrange, sur les traces impérissables d'un Bonaparte.

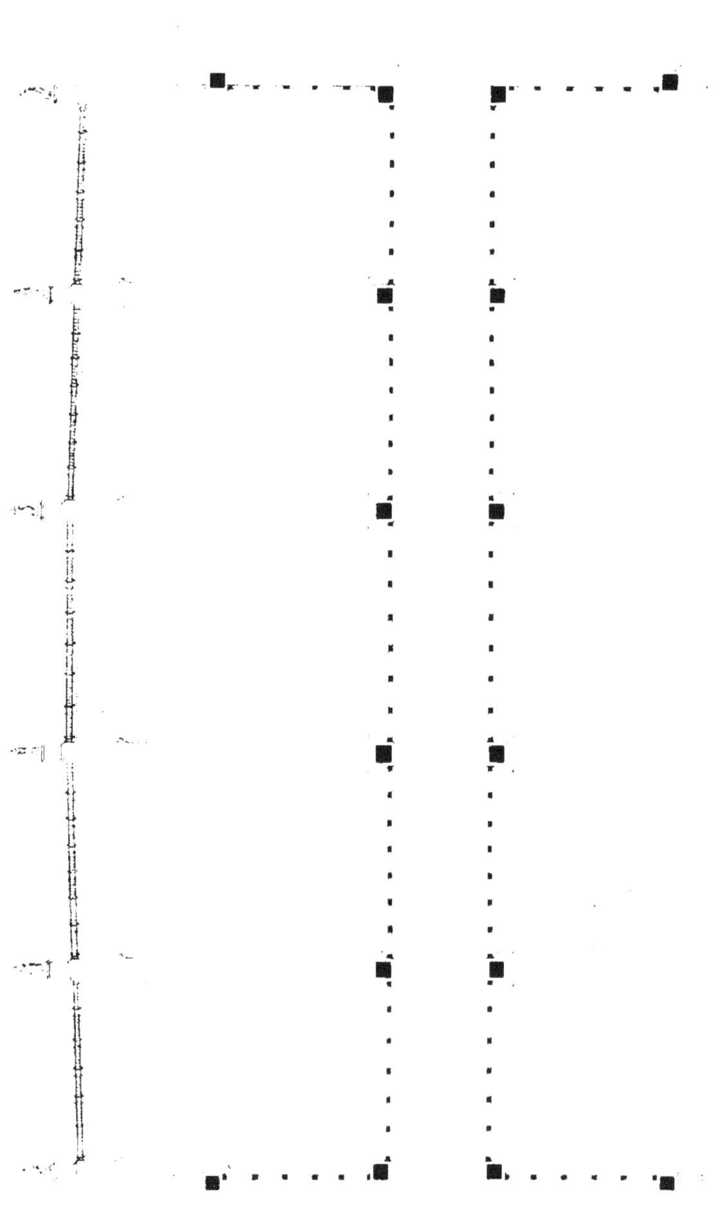

PONT LOUIS XVI.

(*Perronnet, architecte.*)

Ce pont fut construit en 1787, pour établir un second moyen de communication entre les faubourgs Saint-Germain et Saint-Honoré. Avant cette époque, il n'en existait qu'un seul de ce côté, pour passer d'une rive à l'autre, le pont Royal. On ne trouvait qu'un simple bac à la place où Perronnet a élevé celui-ci. Son érection a coûté à l'état, d'après les devis, 2,200,000 francs. Il se compose de cinq arches, en cintre surbaissé. A la base, on a placé des moulures formant des impostes. Ces arches sont soutenues sur des piles dont la tête est terminée circulairement.

Ces têtes de piles présentent la forme d'une colonne tronquée: leur partie la plus élevée est couronnée par une sorte de chapiteau, composé de moulures d'un dessin lourd. Ces moulures ne s'accordent aucunement avec les autres décorations riches, légères et souvent trop légères.

Ces colonnes appuient un entablement architravé, enrichi de modillons. Au sommet de chaque colonne, et à la hauteur du parapet, Perronnet a placé les piédestaux carrés qui portent actuellement les statues. Dans les intervalles qui existent entre les piédestaux, il a employé une suite de balustres. Ces balustres sont surmontés par des tablettes décorées de moulures variées.

Les piédestaux ont pour point d'appui un stylobate également profilé de moulures. Vingt-cinq acrotères de chaque côté des parapets divisent à leur tour les balustres. Les acrotères sont profilés, en saillies, sur le stylobate, et sur la tablette qui domine les balustres. Ces décorations se continuent, à droite et à gauche, sur les deux rives.

Ce pont se distingue donc par une grande richesse ou éclat de style. On doit regretter qu'il y ait peu d'harmonie entre les grosses colonnes qui sont en tête des piles, et l'entablement qui se trouve à leur sommet. Les yeux sont encore blessés par une diminution graduelle dans la hauteur des arches qui commence, en s'étendant vers les deux rives, à la troisième arche, celle du centre, et la plus élevée. Ce pont jeté sur une ligne courbe quoique assez peu prononcée n'a point l'aspect imposant qui nous frappe à la vue du beau pont de Neuilly, œuvre du même maître. C'est que celui-ci est placé, dans son ensemble, sur une ligne horizontale.

Malgré quelques défauts, le pont Louis XVI est l'un des plus remarquables de Paris. Il a quelque chose de noble et porte partout l'empreinte d'un art

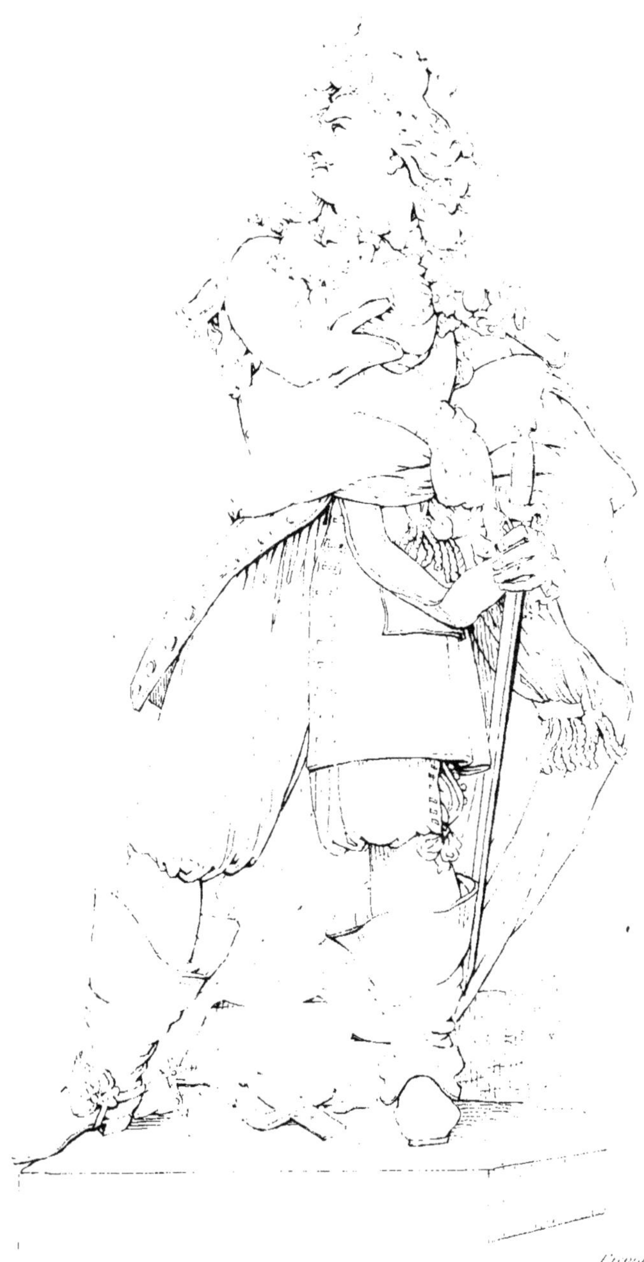

CONDÉ

consommé, d'une grande richesse d'imagination. Dans une autre situation que celle qu'il occupe, entre la place Louis XVI et la chambre des députés, on y reprendrait avec raison l'abus de ces qualités, un luxe sans mesure et des ornemens trop fragiles, susceptibles de dépérir vite. Perronnet a cherché à affaiblir ce dernier inconvénient à force de précautions, et par la qualité des matériaux.

La première planche de ce recueil offre le *plan* et la *coupe* du pont. Le dessinateur y a retracé la disposition de toutes les lignes; c'est-à-dire le trait nu, mais précis des différentes parties du monument; la place des statues, etc., etc.

La *coupe* indique que l'architecte s'est attaché à ce point important, la solidité. Ce dessin marque aussi le chemin de *hallage* qui existe sous la dernière arche, à droite.

Toutes les statues sont en marbre, et ont douze pieds de hauteur.

Les quatre groupes qui doivent terminer la décoration du pont *Louis XVI*, s'exécutent en ce moment. Les artistes chargés de ces travaux, sont MM. *David*, *Cortot*, *Pradier*, *Ramey* fils. Ces quatre groupes seront placés sur les deux rives de la Seine. Les piédestaux qui les recevront sont notés sur ce plan. Nous donnerons la gravure des statues lorsqu'elles seront terminées.

CONDÉ.

(*Statue de M. David.*)

Le prince jette son bâton de commandement dans les lignes ennemies, à Fribourg.

Louis II, de Bourbon, prince de Condé, à qui la postérité a donné le nom de grand, est né à Paris, le 8 septembre 1621. Il fit d'excellentes études, à Bourges, et montra, dès l'enfance, cette vive précocité d'intelligence qui est souvent le signe de talens rares. Ces talens, il les posséda plus tard, et sa patrie eut successivement, ou à les déplorer, ou à en recueillir les fruits. Cela dépendit de son ambition, du côté où il porta son épée.

Louis de Bourbon fit ses premières armes à dix-sept ans, en 1641, au siége d'Arras.

Il épousa peu de temps après une nièce de Richelieu. Plusieurs historiens pensent que ce mariage lui fut imposé par cet ambitieux ministre.

Le jeune duc se serait trouvé enveloppé dans les premières intrigues qu'amena la minorité de Louis XIV, sans l'évènement de l'entrée des Espagnols en Champagne. Il marcha contre eux, livra bataille à *Rocroy*, et les y défit complètement. Cette bataille fut gagnée le 19 mai 1643. Condé était cependant inférieur à l'ennemi. 10,000 Espagnols restèrent sur la place, et 5,000 furent faits prisonniers. Cette journée fut le prix des dispositions les plus habiles, de la plus rare valeur; de cette valeur que Bossuet ne put peindre exactement, qu'avec cette suite d'images neuves et fortes. « A quelque heure, de quelque côté que viennent les ennemis, ils trouvent toujours le prince sur ses gardes, toujours prêt à fondre sur eux et à prendre ses avantages. Comme une aigle qu'on voit toujours, soit qu'elle vole au milieu des airs, soit qu'elle se pose sur le haut de quelque rocher, porter de tous côtés des regards perçans, et tomber si sûrement sur sa proie qu'on ne peut éviter ses ongles non plus que ses yeux : aussi vifs étaient les regards, aussi vive et impérieuse était l'attaque, aussi fortes et inévitables étaient les mains du prince de Condé. »

La soudaineté et la facilité des succès qui suivent cette grande journée de *Rocroy*, confirment pleinement ces justes, ces frappantes expressions de Voltaire: « que l'art de la guerre, était en lui, un instinct naturel. »

Le duc d'Enghien prit Thionville; et avant la fin de cette campagne les Français furent maîtres du cours de la Moselle.

L'année suivante, Condé vole au secours de l'armée d'Allemagne, souffrante et battue, quoique commandée par ce jeune vicomte de Turenne que distinguaient déjà des talens supérieurs. Après la jonction des deux capitaines français, et une campagne très active, très difficile contre Mercy, général bavarois expérimenté, attentif, habile, ils gagnent la bataille décisive de Nordlingen, le 3 août 1645.

En 1646 Condé prit Dunkerque, place qui était alors d'une haute importance.

Sa gloire offusquait la cour. Il s'y forma une intrigue contre lui, et son résultat fut de le déplacer. On l'envoya sur un terrein très défavorable, en Catalogne, où il commanda des troupes mal entretenues, et qui n'étaient point payées. Il n'y obtint aucun succès, et vit ses efforts échouer au pied des remparts de *Lérida*.

Le besoin de ses talens le fit bientôt rappeler en Flandres, où il gagna, avec une armée inférieure à celle de l'ennemi la célèbre bataille de *Lens*, le 20 août 1648. Un de ses résultats fut de décider la paix avec l'Allemagne. Condé y anéantit les restes de cette terrible infanterie espagnole, de ces gardes wallones qu'il avait déjà battues à *Rocroy*.

Après cela, quelque part qu'il prit, à Paris, dans des intrigues de cour, et la censure amère qu'il faisait de l'administration de la régence, décidèrent son arrestation, le 18 janvier 1650, et celle de son frère le prince de Conti. Ils furent tous deux conduits à Vincennes, puis à Marcoussy, et enfin au Havre, où leur détention dura treize mois.

Condé fut rendu à la liberté, et rappelé à la cour

lorsqu'on exila Mazarin; mais les réparations qu'on lui accorda ne purent satisfaire sa soif de vengeance. Il rassembla alors une armée, se mit à sa tête et marcha sur Paris; il eût voulu y rentrer ainsi, pour punir et humilier la cour. A Gien, il rencontra le corps d'armée du maréchal d'Hocquincourt, le battit, le jeta dispersé sur les côtés, et marcha sur Paris. Turenne lui fut opposé sans délai.

Ces deux grands hommes de guerre, en vinrent aux mains, le 2 juillet 1652, dans le faubourg Saint-Antoine, et se livrèrent là, un combat terrible. Les plus difficiles choses s'exécutèrent dans cette journée sanglante; et tellement, qu'à sa suite, la réputation des deux généraux en fut très rehaussée. La victoire resta à Turenne.

Condé s'enfuit, et prit du service dans l'armée espagnole.

En 1654, il vint assiéger Arras. Turenne lui fit lever ce siège; mais Condé sut assurer la retraite de l'armée qu'il commandait.

L'année suivante, il se jeta dans Cambrai, investi par Turenne, et l'obligea à son tour de se retirer.

La paix de 1660, avec l'Espagne, lui valut son pardon.

Il revint à Paris, et fut présenté au jeune roi par Mazarin. Ce ministre mourut peu de temps après.

Bientôt Louis XIV annonça son intention de régner par lui-même.

Condé, qu'il a paru toujours redouter, n'en obtint

point de commandement, dans les premières années. C'est Louvois, jaloux de la gloire de Turenne, qui plus tard le fit employer. Ce fut pour la conquête de la *Franche-Comté*, en 1663; trois semaines suffirent au prince pour terminer cette conquête.

Il fit en Hollande, la campagne de 1672. Lors de ce passage du Rhin dont les beaux vers de Boileau ont tant exagéré l'importance, il fut blessé au poignet d'un coup de feu. C'est la seule blessure qu'il ait jamais reçue.

La bataille de *Senef*, le 11 août 1674, est la dernière qu'il ait gagnée. Cette bataille ne procura point de grands avantages, et fut très meurtrière.

En 1675, après la mort de Turenne, on l'opposa au général *Montecuculli* : il arrêta, ses progrès sans coup férir.

Mais il demanda presque aussitôt sa retraite à cause des douleurs prématurées qui le tourmentaient. Louis XIV, mécontent des pertes que l'armée avait essuyées à *Senef*, n'essaya point de le détourner de cette résolution, et accepta sa démission.

Le grand Condé, au sommet de la gloire humaine, se retira dans ce Chantilly, où ses mains étalèrent tant de splendeur, et que l'éloquence de Bossuet a empreint d'un ineffaçable souvenir. Nourri dans des études élevées, né avec le goût de la gloire, il y accueillait avec joie le mérite. On vit se rassembler, à Chantilly, les hommes les plus distingués du règne de Louis XIV. Ce Condé qui dans sa jeunesse avait pleuré à la représentation des scènes sublimes de Corneille, s'honorait dans sa retraite de l'amitié de Boileau, de La Fontaine et de Racine, et recherchait le charme et les sujets de leur entretien habituel. Il termina sa carrière le 11 décembre 1686, à Fontainebleau.

On disait de Condé, dans son siècle, qu'il avait le cœur du lion et l'œil de l'aigle. « Voici le portrait qu'a laissé *Follard*, de *ce foudre de guerre, qui savait si bien exciter, ou calmer les courages émus* ; (1) « Incapable de céder, quelques obstacles qu'il pût rencontrer dans la poursuite de ses desseins ; d'un esprit extrêmement vif, plein de feu, de lumières et de ressources; d'un coup-d'œil admirable; impérieux, quelquefois violent dans le commandement, plus encore dans l'action, où l'on prétend qu'il suivait assez volontiers les voies meurtrières. »

Napoléon avait une haute estime pour les talens de Condé : il disait que chez lui les années avaient amené la prudence ; que le contraire s'était manifesté dans Turenne, à qui les années seules avaient donné de l'audace. (*Mémorial de Sainte-Hélène*, par M. le comte de Las Cases; source précieuse et abondante de faits qui appartiennent à l'histoire contemporaine.)

---

(1) Bossuet.

DU GUESCLIN (Bertrand).

(Statue de M. Bridan.)

Le Connétable est représenté avec le costume guerrier du temps. Il tient une épée de la main droite, et appuie la gauche sur son écu, couvert des armes de France.

Bertrand Du Guesclin, connétable de France, sous Charles V, fut l'un des plus illustres capitaines de l'ancienne monarchie : il l'affranchit du joug des Anglais. Après des alternatives de mauvaise et de bonne fortune, il rendit le même service à l'Espagne; en chassa ces insulaires, et mit la couronne de Castille sur la tête de Henri Transtamare.

La Bretagne est la patrie de ce grand homme : il naquit au château de *La Mothe-Broons* en 1314.

Son enfance avait été vagabonde et sauvage; le jeune Bertrand ne cherchait que les lieux écartés; il aimait à s'enfoncer dans les bois; il attaquait tous ceux qu'il rencontrait, et battait sans cesse ses jeunes camarades. Il y avait là, sans doute, des signes du génie guerrier; il y avait également ceux d'un caractère dur et intraitable, et non la promesse de ce naturel humain qu'il a fait briller constamment à la tête des armées. Les goûts et le caractère de cet enfant

N° 2.

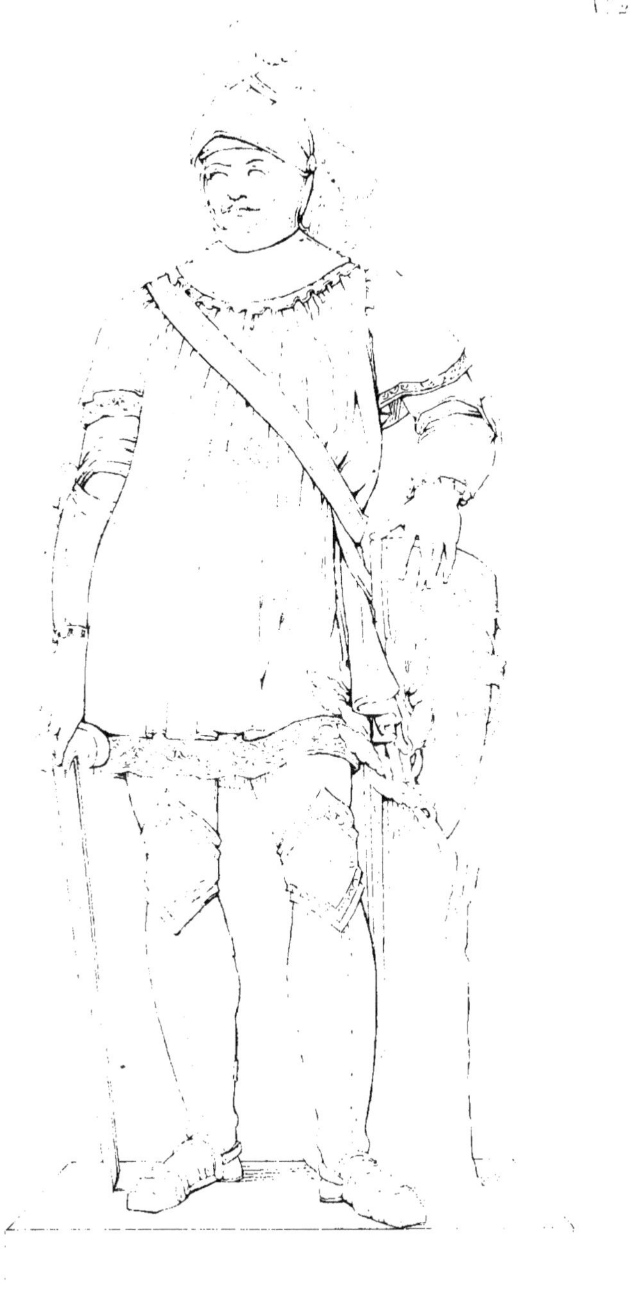

Bridan inv.

DUGUESCLIN.

changèrent totalement, quand il fu parvenu à l'âge de virilité.

En 1356, Bertrand sauva la ville de Rennes, autour de laquelle un corps d'Anglais était venu camper pour l'assiéger.

Voici comment il s'y prit.

Vers la fin d'une nuit, il se présenta, suivi de cent hommes déterminés, à l'entrée des tentes ennemies : tout était plongé dans le sommeil; une seule garde avancée veillait.

Bertrand l'épée à la main, la surprit, et pénétra avec ses compagnons dans le camp; tout tomba sous leurs coups, et le feu fut mis aux tentes : les ennemis qui ne purent fuir, trouvèrent incontinent la mort : l'action s'acheva aux premiers rayons du jour. Alors Du Guesclin et ses amis entrèrent joyeusement dans la ville aux acclamations de tous, et faisant conduire devant eux plus de deux cents chariots chargés de bagages.

Le chevalier battit l'armée de *Navarre* à *Cocherel*, sur l'Eure, en 1364.

Les Anglais prirent leur revanche; ils le vainquirent dans les champs d'Auray, et le firent prisonnier. A la paix il recouvra sa liberté.

Les Anglais le firent de nouveau prisonnier, mais en Espagne, en 1367, où il était allé défendre les prétentions à la couronne de *Henri Transtamare*, contre *Pierre*, dit le *Cruel*, son frère. Le vainqueur était ce général qui avait été si bien battu à *Cocherel*.

Cette fois, Du Guesclin fut obligé de se racheter avec ses propres deniers, mais le *Prince Noir* cédant à un mouvement magnanime, le laissa maître de déterminer sa rançon. Cette générosité exaspéra la fierté de Bertrand, et bien qu'il fût captif, il ne voulut rien devoir à la générosité du prince anglais ; il porta donc cette rançon très haut, comptant sur *sa chère France* pour l'acquitter, si sa fortune ne devait point y suffire. Ce trait est beau sous tous les rapports : Qui a surtout besoin de dignité si ce n'est le vaincu? Du Guesclin fut toujours admirable, malgré les revers de la fortune, et c'est là ce qui est bien rare! Il eut raison de compter sur l'attachement de sa patrie alors si malheureuse! pour le racheter, il l'eût trouvée prête à tous les sacrifices ; *il eût fait filer toutes les femmes du royaume.*

D'ailleurs, les considérations de sacrifices s'effacent devant la conservation d'hommes tels que Du Guesclin! l'argent n'est le nerf des sociétés que jusqu'à un certain point ; il ne peut pas tout donner ; il ne rend pas la vigueur aux états qui croulent, tandis que la main d'un homme comme ce connétable peut les raffermir et les sauver. Si la puissance de l'argent était telle que l'ont affirmé des écrivains et des hommes d'état, « Carthage n'eût point péri ; elle eût acheté Scipion, Rome et toute sa gloire (1) ». Ces éloquentes paroles sont de l'un de nos plus brillans historiens.

(1) M. Alexis Dumesnil. *Introduction à l'Histoire de Louis XI.*

Du Guesclin revint pour la France, sur ces champs de bataille de l'Espagne, où il avait été vaincu. Il prit sa revanche, battit les Anglais, et détruisit la ligue des amis de *Don Pèdre*, où l'on voyait tous les rois maures. Du Guesclin écrasa cette armée à la vue des rivages de Cadix.

Alors l'Espagne passa définitivement sous le sceptre de Henri Transtamare.

Du Guesclin soumit par ses armes, la Guyenne, le Poitou, la Saintonge, le Périgord, une partie du Limousin, et chassa les Anglais de toute la Bretagne.

L'épée de connétable fut la récompense de ces faits d'armes, de ces services si nationaux!

Bertrand possédait des connaissances militaires, et en fit usage dans ses campagnes. Ces connaissances, très limitées naturellement, étaient toute la stratégie du temps.

Dans le tumulte des batailles, son coup-d'œil sûr et son sang-froid tiraient souvent de ces données un parti décisif.

Le connétable est, dans la monarchie du moyen âge, le premier capitaine qui ait su choisir ses campemens. Ses manœuvres étaient déjà calculées sans être très précises; il avait l'instinct de la haute guerre. Il n'a jamais demandé au hasard ce qu'assurent la réflexion et l'habileté.

Il était clément, généreux, et surtout humain. Sans cesse, il recommandait à ses soldats, lorsqu'ils entraient en un pays ennemi, de protéger les enfans, les femmes et les vieillards : « ce n'est point à ceux-là que nous faisons la guerre », disait-il avec bonté. Dans la lutte qu'il soutint contre les Anglais, il vendit ses domaines pour alimenter les armées du royaume dévasté, ruiné.

Charles V prêta un instant l'oreille à la voix des ennemis de Du Guesclin. Quand celui-ci l'apprit, il renvoya au roi l'épée de connétable; il lui écrivit toutefois, et se justifia comme la vertu et l'honneur peuvent le faire. Le roi, éclairé par ces explications, lui répondit sur-le-champ pour le prier de reprendre cette épée; il lui députa, à cet effet, deux seigneurs de sa cour, mais Bertrand qui avait l'âme navrée ne la reprit point.

Il mourut bientôt devant *Château-Neuf de Rendon*, où se trouvait son armée.

Le corps du connétable fut porté dans les caveaux des rois à l'abbaye de Saint-Denis. Plus tard, Charles V y fut placé à côté de son brave capitaine.

Du Guesclin fut un grand homme de guerre pour son siècle; il fut ce que l'état de la science permettait qu'on devînt. L'art de la guerre sortait à peine de l'enfance; les ressources de son génie l'agrandirent. Il se battait avec une tactique, en apparence toujours nouvelle; c'est-à-dire, suivant les lieux, les circonstances et les hommes. Chez lui le tact, l'expérience, un coup-d'œil d'aigle, suppléaient, autant que possible et sur-le-champ, à la science plus sûre, plus étendue d'un Turenne devant Montécuculli; de ce jeune homme qui a révélé un nouvel art de la guerre à Castiglione et sur le plateau de Rivoli.

Les Anglais battirent Du Guesclin et le firent deux fois prisonnier ; on ne peut pas toujours éviter ces malheurs - là, car la science et le tact ne sont que des probabilités qu'on vaincra ; mais en aucune circonstance, ces Anglais si bien commandés alors par l'intrépide *Prince Noir*, ne trouvèrent Du Guesclin en défaut ; jamais il ne se laissa surprendre. Après cela, comme *Plutarque* l'a dit après le poète *Alcmène* : « La fortune est fille de dieux. »

Chez Du Guesclin, une vive émotion de l'âme, qui naissait au milieu du danger, élevait son courage. *Ney* lui a ressemblé dans ces momens-là. Sa parole devenait forte, saisissante. C'était celle des hommes de sa trempe, de ces êtres si rares. Il savait électriser les masses, les armées surtout, les entraîner sur ses pas, là où il voulait aller, où le poussait son génie.

Son opiniâtreté dans l'attaque ou dans la résistance était, en général, réfléchie : c'était l'effet d'une sagacité particulière ; il ne tenait de pied ferme, il ne persistait que quand il avait vu que l'obstacle allait être surmonté. Capitaine ardent, national, il fit les plus grandes choses qui aient retenti dans la monarchie ; et disputa, reconquit pas à pas la France envahie par les Anglais. Bonaparte seul, en 1814, a rappelé ses hauts faits, son ascendant tout magique sur les armées.

« Et quand la pauvre Champagne,
« Fut en proie aux étrangers,
« Lui, bravant tous les dangers,
« Semblait seul tenir la campagne, » (1)

a dit le poète de génie qui a su peindre ce caractère épique du dix-neuvième siècle.

(1) Béranger.

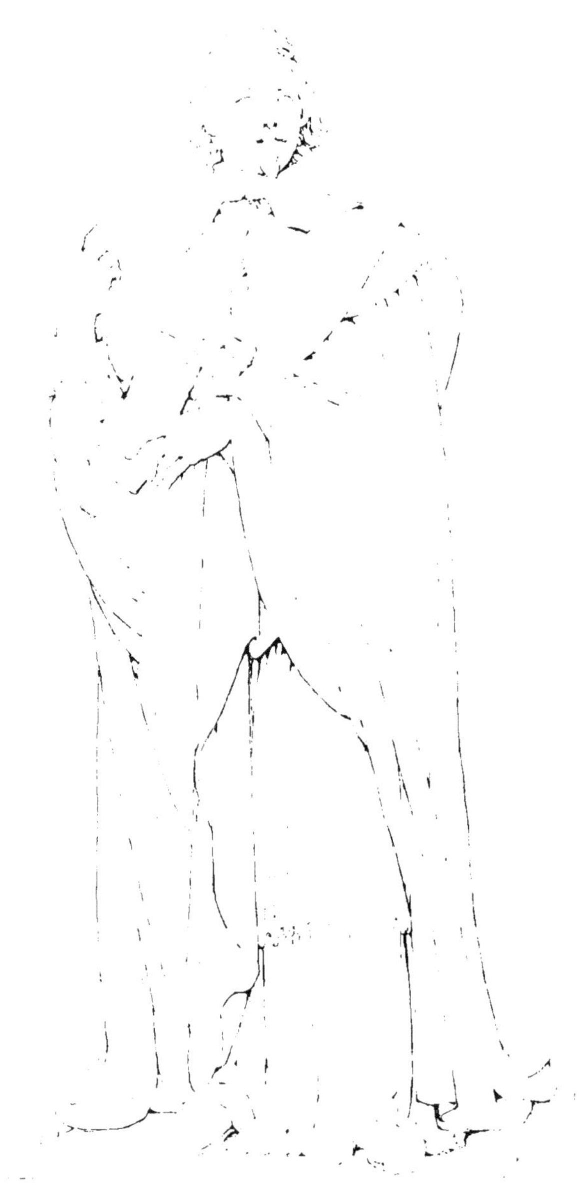

Le Cardinal de RICHELIEU.

(*Statue de M. Ramey père*).

Le Cardinal-Ministre tient à la main les lettres-patentes *de fondation de l'Académie Française.*

Richelieu, (Armand-Jean du Plessis), premier Ministre de Louis XIII, naquit le 5 septembre 1585.

Dans sa première jeunesse, il fut destiné à la profession des armes; mais les vues de sa famille changèrent; il prit l'habit de prêtre. Avec celui-là, il put courir plus rapidement la carrière des affaires publiques. Il étudia vite, mais très bien, comme sait étudier le génie. Il devint le premier politique de son siècle, le maître absolu d'un roi de France. Son bras fut regardé comme le plus redoutable de l'Europe, bien que ce cardinal parut sur la scène du monde au temps des *Gustave-Adolphe*, des *Wallenstein* et des *Mansfred.* C'est qu'il osa tout entreprendre; c'est qu'il termina tout ce qu'il entreprit.

Les talens de Richelieu furent supérieurs: son âme intrépide les éleva encore: il les consacra à de grandes entreprises auxquelles la France dut des avantages et de la gloire.

Des intrigues puissantes lui fermèrent, par intervalles, le chemin de la suprême puissance, mais il les déjoua sans cesse, et se plaça aussi haut qu'il voulut. Il détruisit ces intrigues, et les factions, par tous les moyens, l'exil, la prison, l'échafaud ; il frappa à découvert souvent sans s'arrêter, les coups les plus terribles et les plus hardis.

En 1636, il arrache la Valteline au pape qui s'en était emparé.

Puis il abat les protestans à La Rochelle : quoique prêtre, cardinal, il tire l'épée, commande l'armée, et célèbre la messe le jour où les portes lui sont ouvertes.

Quelque difficulté que présente sa position, quelque orage qui vienne à le menacer, il poursuit toujours cette pensée de fonder, de régulariser l'administration, d'introduire l'ordre, et la lumière dans ses diverses parties.

Les trois vues suivantes remplissent de leur audace et de leur grandeur son ministère de dix-huit années : 1° Priver le *Calvinisme* d'une existence offensive ; 2° Ecraser les seigneurs qui ne veulent point devenir les humbles sujets du roi de France ; 3° Porter très haut, au détriment de l'Autriche, la considération extérieure de la couronne de Louis XIII.

Il réalisa ces trois grandes vues.

Le génie élevé de Richelieu était passionné pour

la gloire des lettres ; il a laissé des traces de ce noble goût.

L'Académie Française, fondée en 1635.

La Sorbonne agrandie, et devenue école de l'état.

L'Imprimerie Royale, enrichie considérablement, et mise en grande activité pour de précieux travaux de typographie.

Richelieu mourut à Paris, le 4 décembre 1642. Ce grand ministre était infatigable au travail. On doit croire que ses labeurs opiniâtres abrégèrent sa vie.

Au milieu de ses grandes qualités on remarqua des défauts et de petites passions ; un caractère violent, qui une fois blessé, ne mûrissait plus ses décisions, mais les rendait avec audace, et les faisait exécuter sans délai. Dans ses belles années, Richelieu affecta souvent les airs d'un gentilhomme dameret ; plus tard, il prit ceux d'un érudit ; fit des vers très froids et quelques plans de comédie ; mais ces défauts, ces petitesses de la vie privée, n'ôtèrent rien à la grandeur de l'homme d'état, à l'héroïsme de sa vie publique. Cette remarque est de Voltaire ; et elle est juste, ce qui vaut encore mieux.

Voici le jugement que Montesquieu a porté de Richelieu : il est exact, et écrit avec sa précision énergique et éloquente.

« Richelieu fit jouer à son roi le second rôle dans la monarchie, et le premier en Europe ; il avilit le monarque, mais il illustra le règne. »

M. de Fontanes a laissé d'admirables pages sur

cet homme d'état : nous en extrayons ce morceau distingué par la justesse et la fermeté des traits, par le coloris du style.

« L'orgueil des seigneurs féodaux ne fut pas tellement humilié par Louis XI, qu'il ne troublât longtemps la France après lui. Richelieu seul affermit le trône sur l'anarchie féodale. Mais que sa marche est plus grande et plus imposante! Comme ses moyens sont hardis, ses ressources plus fécondes et ses coups plus assurés. Il ne craint point d'annoncer sa vengeance avant de frapper ses victimes. Ses artifices même ont quelque chose de grand qui suppose le courage. D'ailleurs, Richelieu, qu'un seul coup-d'œil peut précipiter au fond des cachots où il plonge ses ennemis, nous intéresse comme un homme fort et courageux qui se livre à tous les dangers et se confie à sa fortune. Sa vie est un combat éternel; toutes les scènes en sont animées, et tout le tableau en contraste! Il est forcé de combattre à-la-fois la puissance de ses nombreux ennemis et la faiblesse de son maître. Toujours près de sa chute, en préparant celle des autres, il a besoin d'être courtisan, même quand il est roi. Ce mélange de souplesse et d'audace, ces dangers qu'il éprouve et cette terreur qu'il inspire sans jamais la ressentir, l'énergie de son âme qui résiste aux souffrances d'un corps usé par les affaires et les maladies, cette ambition qui ne trouve aucune gloire ni au-dessus ni au-dessous d'elle ; tout dans Richelieu imprime l'étonnement et commande l'admiration.

L'*Histoire du cardinal de Richelieu*, par M. Jay, l'un de nos premiers écrivains actuels, est un ouvrage fort distingué, un tableau de l'époque tracé de main de maître.

SULLY.

(*Statue de M. Espercieux.*)

Sully s'appuie sur le pommeau de son épée ; il tient dans la main droite un rouleau de papier, sur lequel, on lit ces mots : Finances. Ville d'Amiens. Galerie du Louvre, etc.

Ces lignes rappellent des faits mémorables de la vie de ce grand ministre, le plus habile de son temps, et celui qui, en France, a posé les fondemens de la science administrative. Sans doute, Colbert a fondé plus d'institutions; il a fondé surtout pour une époque qui avait des besoins plus variés, à cause du progrès de la civilisation; mais ses vues administratives n'étaient pas plus justes que celles de Sully.

L'ami de Henri IV a personnifié depuis près de deux siècles, l'intégrité dans les hautes places. C'est que son but a été constamment la prospérité, la grandeur de la France.

Maximilien de *Béthune*, duc de Sully, naquit à Rosny, le 13 décembre 1560. Il fut élevé dans la religion protestante, et resta fidèle à cette communion, quoiqu'il ait donné ensuite à son roi le conseil d'abjurer pour ceindre son front du plus beau des diadèmes qu'ait portés Charlemagne.

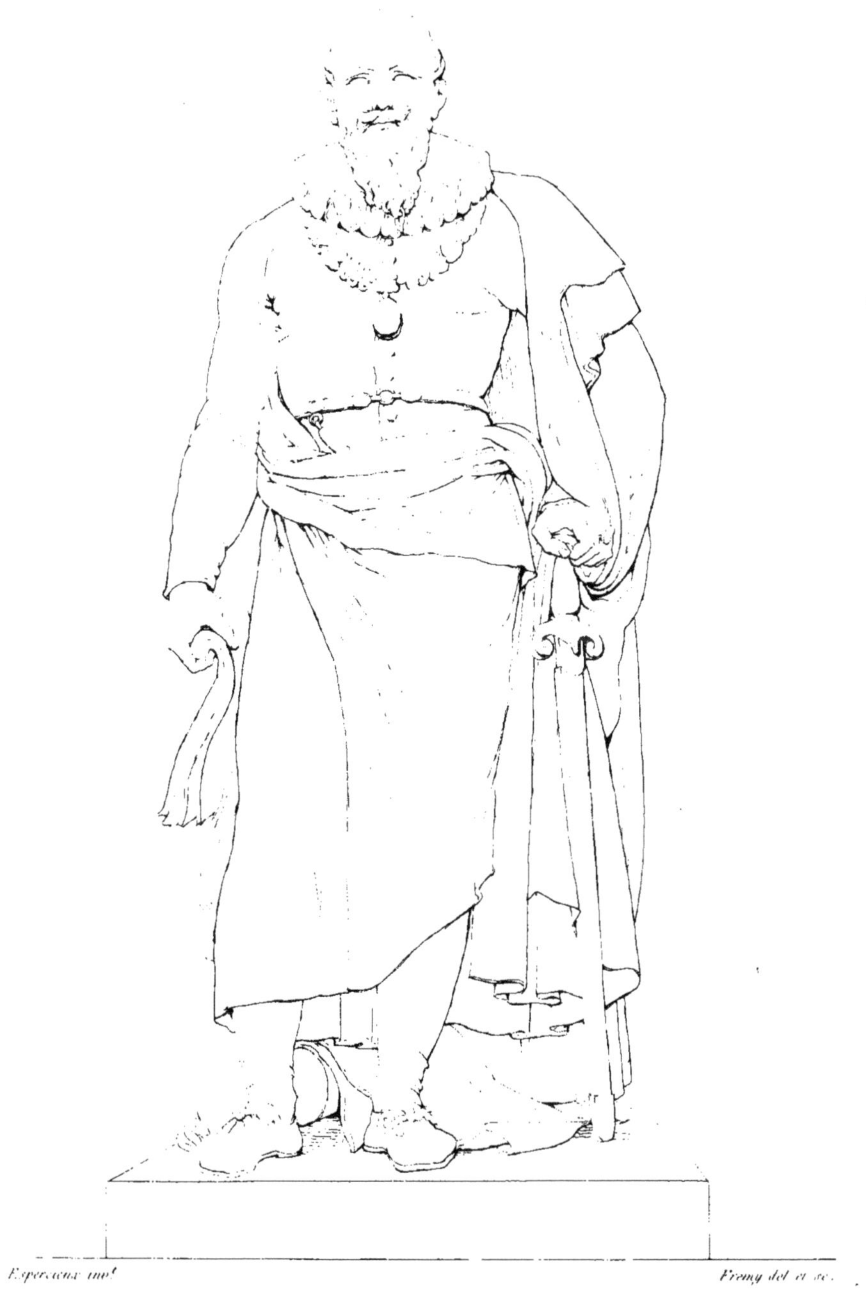

Espercieux inv.t Fremy del et sc.

SULLY.

Sully fit toutes les guerres où commanda Henri IV. Il se couvrit de gloire à Yvry, et fut souvent blessé. Le roi l'appelait *le brave soldat.*

Il était le premier des officiers de son temps dans l'art d'attaquer les places fortes. Puis il servit la France dans les conseils de l'état et dans de difficiles négociations.

En 1597, Henri IV le nomma *Intendant des finances.* Un tel ministre était nécessaire à la France. Il fit le bien que pouvait faire alors une administration vigilante et habile. La comptabilité régulière date de cette époque. Il s'attacha peut-être trop aux détails ; mais à cela près, il vit juste et fraya la route au génie de Colbert.

Sully enrichit l'épargne de l'état. Il ne comprit pas assez les premières vues sur le système du placement des fonds.

Ce Sully rappelait les héros de l'ancienne Rome et les plus illustres de la chevalerie dont il avait la loyauté et la franchise; il avait tenu l'épée, commandé avec honneur à des générations vigoureuses, nourries dans les guerres civiles, dans le zèle du schisme protestant, dans ces études hérissées et si inutiles, où l'esprit humain chercha la lumière et l'indépendance. Sa vie ne s'est point écoulée étrangère aux études du cabinet. Il avait médité les anciens, et s'était formé dans l'entretien de ces capitaines, qui mêlait à la lecture de la *Bible* celle du livre de Bodin; qui faisaient leurs délices de l'étude de Plutarque et de ses parallèles. On comprend qu'il ait puisé à ces sources un tour d'esprit particulier, grave, profond.

Sully, mourut à Villebon, à 82 ans, le 22 décembre 1641.

Il y avait vécu long-temps en prince, avec des gentilshommes et des gardes. Louis XIII l'avait nommé maréchal de France.

Corneille a pu voir Sully. Il avait 35 ans quand mourut le *franc chevalier*, le *brave* soldat. Il aura puisé dans ses traits, dans ses mœurs, dans la haute existence qu'il menait à la campagne, une image de ces grands personnages de l'ancienne Rome, dont il fut, avec Montesquieu, le plus grand peintre.

Sully se montra le plus loyal des chevaliers et le plus sage des économes. Selon l'usage antique, il se plaçait toujours sur un siège plus élevé au milieu de ses enfans. L'agriculture l'occupa durant toute la dernière partie de sa vie. Celui qui avait commandé des armées et tenu les rênes d'un empire, ne détacha plus guère sa pensée du « *labourage et du pâturage, ces deux mamelles de l'état.* »

DUQUESNE.

(*Statue de M. Roguier.*)

L'Amiral est appuyé sur un mortier, et ordonne le bombardement d'Alger.

Abraham Duquesne, l'un des plus illustres marins français, est né à Dieppe, en 1610.

Son père, officier de marine fort distingué, fut son premier, son habile maître.

Le jeune Duquesne commandait un vaisseau de la flotte qui alla enlever les îles *Lérins* aux Espagnols.

Durant cette expédition brillante, son père fut tué par le feu des ennemis. Lorsque Duquesne apprit sa mort, il jura avec douleur de la venger en soldat : il tint parole.

En effet, lorsque les flottes française et espagnole se rencontrèrent à Cattari, il attaqua aussitôt, l'épée à la main, le vaisseau amiral et le prit. Cette action décida la victoire.

C'était là des funérailles dignes d'un officier, d'un père tombé au champ d'honneur!

En 1639, pendant l'expédition dans les mers de la Corogne, ce chef se trouva constamment à l'avant-garde de la flotte française, où il commandait plusieurs vaisseaux. Il écrasa les Espagnols.

Il sauva la flotte française, en 1641, après un combat qu'elle avait livré devant Tarragone.

Il fut blessé au combat du cap de Gatès, où le duc de Brezé battit les Espagnols.

En 1650, Duquesne arma une escadre à ses frais et la conduisit contre les Espagnols : il les vainquit partout.

Plus tard, et après d'autres actions d'éclat, Duquesne en vint aux prises avec l'illustre Ruyter, amiral hollandais, et le battit. Celui-ci commandait alors les flottes combinées de l'Espagne et de la Hollande.

Vers la fin de sa vie, et parvenu à un long âge, il témoigna un jour à Louis XIV, le desir de retourner commander sur la mer. Ce prince lui répondit : « Monsieur, un homme qui a servi aussi long-temps, et aussi utilement que vous, doit se reposer. Ceux qui vont commander suivront vos leçons et vos exemples. Ce sera encore vous qui conduirez mes flottes. »

Duquesne est mort à Paris le 2 février 1688.

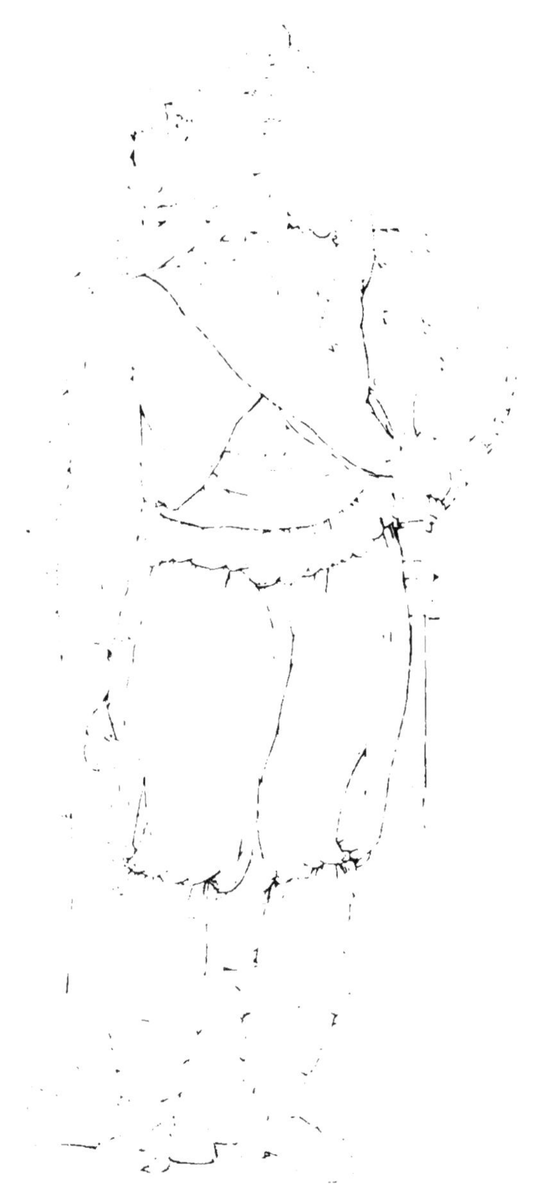

DUGUAY-TROUIN.

(*Statue de M. Dupasquier.*)

Duguay ordonne l'attaque de Rio-Janeiro.

Marin distingué, mais surtout distingué par l'audace dans l'attaque, par des actions pleines d'intrépidité, et presque toujours heureuses.

Il est né à Saint-Malo, le 10 juin 1673.

Il servit d'abord dans la marine marchande où il fit un nombre considérable de prises.

En 1697, il entra dans la marine royale.

En 1706, Louis XIV le nomma capitaine de vaisseau.

Il alla défendre Cadix alors menacé; plusieurs vaisseaux furent placés sous son commandement : il fit rebrousser chemin à l'ennemi.

En 1711, il prit *Rio-Janeiro* : c'était au mois de septembre; onze jours lui suffirent pour soumettre cette ville. Il brûla beaucoup de vaisseaux dans le port, et s'empara d'un grand nombre de marchandises; il leva, en outre, des contributions énormes.

Duguay-Trouin fut créé chef d'escadre, lieutenant-général, en 1715. Ses lettres de nomination portaient qu'il avait pris plus de trois cents vaisseaux marchands, et vingt vaisseaux de guerre.

Cet officier remplit plusieurs missions politiques avec de la capacité et des lumières.

Il mourut à Paris, le 27 septembre 1736.

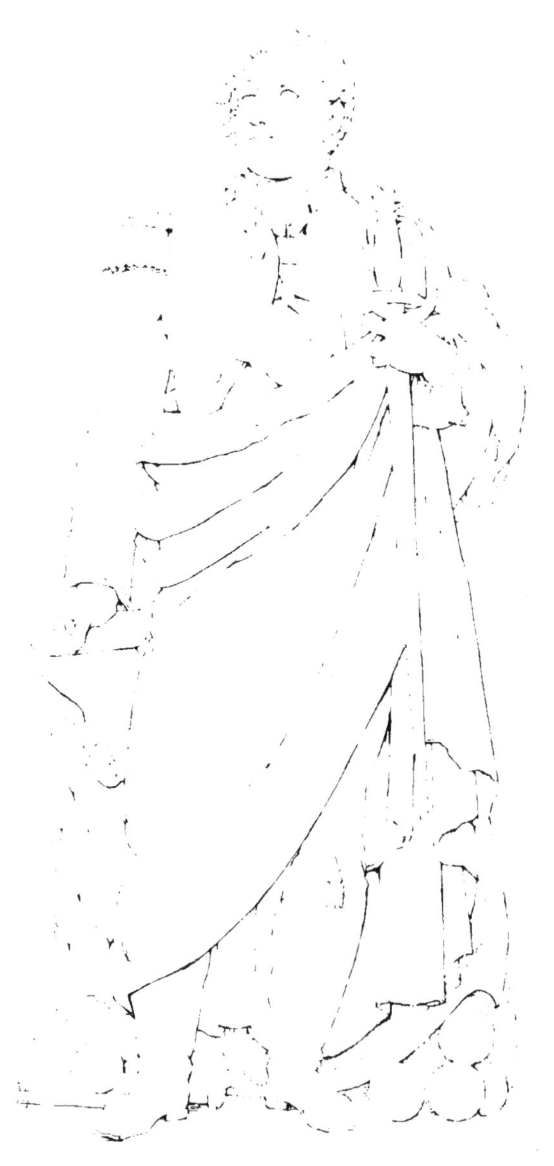

Le Bailly DE SUFFREN-S^{T}.-TROPEZ

(PIERRE-ANDRÉ), Amiral.

(*Statue de M. Lesueur.*)

Suffren tient dans sa main droite un rouleau de papier entr'ouvert, portant cette inscription : Paix avec l'Angleterre, signée en 1783 *Il tient une épée dans sa main gauche. L'artiste a mis à ses pieds des instrumens de marine.*

CET officier très distingué est né au château de *Cannat*, en Provence, le 13 juillet 1726.

Suffren alla prendre ses premiers degrés à Malte, étant encore très jeune, et passa ensuite ses belles années sur la mer ; il conquit tous ses grades à la pointe de l'épée.

Ses campagnes hardies et habiles dans les mers de l'Inde, de 1781 à 1783, l'ont placé parmi les premiers marins français. Il battit les Anglais commandés par l'amiral Hugues, dans six combats très disputés ; délivra en homme de tête et de cœur, la ville de *Gondelour;* prit *Trinquemale*, l'un des plus beaux ports de l'Inde, situé dans la belle baie qui porte ce nom.

La paix se fit avec l'*Angleterre*, en 1783. Il ramena alors sa flotte au port de Toulon (en mars 1784).

La cour, et avant elle, les villes qu'il traversa en venant de Toulon à Paris, lui rendirent de magnifiques honneurs, et même des honneurs inouïs.

Suffren mourut le 8 décembre 1788.

Il n'y a que ce seul fait saillant dans sa vie, la guerre de l'Inde. L'admiration publique qui lui prodigua plus d'acclamations qu'elle n'en donna aux Condé, aux Villars, et à ces jeunes généraux de notre république, lui a trop donné. C'est de toute évidence.

Mais cela s'explique tout de suite par notre effacement militaire et maritime d'alors. Ces succès difficiles étaient inattendus; leur éclat nous était renvoyé des mers de l'Inde; il effaçait bien après tout, quelque chose de nos précédens revers; il frappait les jeunes âmes. Ces victoires navales venaient coïncider avec l'affranchissement de l'Amérique du nord, qui semblait devoir être le dernier grand évènement du siècle. Les jeunes générations s'enivrèrent dans ces premiers bruits de gloire et de liberté.

Suffren était du reste actif, entreprenant, rempli de connaissances; il se battit avec vigueur, et toujours en officier expérimenté. Un des traits de son génie était de faire, du sang-froid et de l'audace dans l'attaque, un de ses moyens de vaincre; de beaucoup demander, dans les périls, à la résolution.

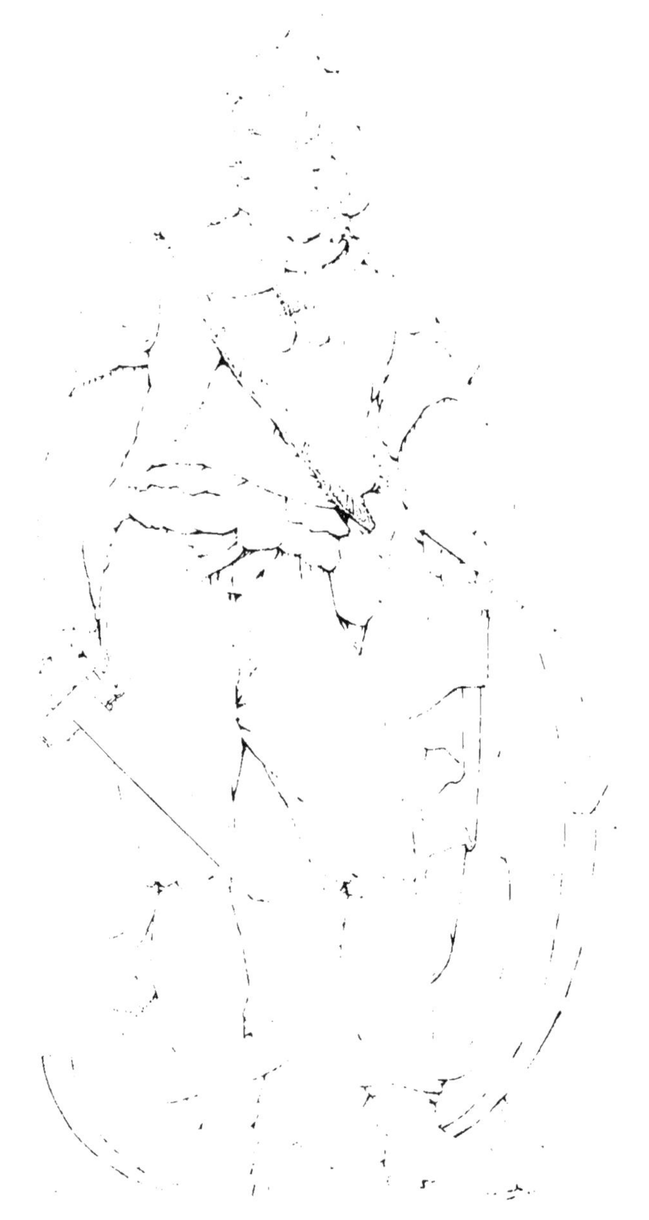

TOURVILLE.

(*Statue de M. Marin.*)

L'Amiral tient de la main gauche le bâton de commandement, et de la droite son épée. On lit ces mots sur le médaillon qui est placé sur sa poitrine : Venise 1690. *C'est un témoignage de la reconnaissance de la république qu'il avait puissamment servie, en purgeant l'Archipel, des Algériens et d'autres forbans qui le désolaient.*

Anne-Hilarion de Cotentin, amiral, maréchal de France.

Ce grand marin est né en 1642 à Tourville, dans l'une des plus jolies vallées de la Normandie, celle de Saint-Michel-de-Préaux (Eure). Il était le troisième fils de *César Cotentin*, seigneur de Tourville, premier gentilhomme de la chambre de Louis XIII.

Sa famille l'engagea très jeune dans ce métier, alors celui des gentilshommes, les armes et le commandement.

A 14 ans il fut fait chevalier de Malte.

Quelques années après, il monta à Marseille sur les galères de la religion. Il fit son premier apprentissage naval sous un *d'Hocquincourt*, qui commandait une frégate, et qui faisait alors des courses sur les

Algériens et d'autres pirates. Un parent du jeune homme (le duc de Larochefoucauld) l'avait recommandé au chevalier d'Hocquincourt.

Sa personne était fort délicate, et ne put donner d'abord une bien haute idée de ce qu'il pourrait faire sur la mer. Il avait dix-huit ans : sa figure se composait de traits fins et mobiles, et avait de vives couleurs ; ses cheveux étaient blonds et ses yeux bleus. Mais ces apparences de faiblesse qui durent tromper, ne cachèrent qu'un instant cette âme si vigoureusement trempée, ce génie haut et plein de feu.

L'étude et l'expérience qu'il acquit dans ses campagnes fameuses qu'il dirigea sur la mer, firent de Tourville un tacticien du premier ordre.

Aussi, parvenu au rang le plus élevé dans sa carrière, fit-il mieux que de se bien battre. Sur la mer, les hasards, les vents, une certaine audace dans l'abordage, peuvent donner des succès frappans. L'amiral effaça ce mérite-là : il fit entrer l'art dans la puissance dont sa main disposait, et souvent il soumit, en quelque sorte, les flots, tous les obstacles de la température et du nombre, par de savantes manœuvres, par des dispositions soudaines.

Sous Louis XIV, il fut le marin qui sut le mieux conduire la haute guerre; celui qui introduisit le plus judicieusement, dans la manœuvre, les secours, les points d'appui de la science.

Tourville est l'auteur de l'organisation des *Classes* ; institution précieuse qui nous a donné des marins plus instruits. Il est le premier qui ait eu l'idée, de réunir en corps de doctrines les manœuvres et les combinaisons de la guerre sur mer.

Le père Lhoste n'a fait que rédiger les vues du maréchal de Tourville, dans son *Traité de tactique navale*. Pendant plus de soixante années, on ne s'est servi que des signaux qu'il inventa dans ses belles campagnes. C'est en 1756, que des modifications introduites dans ce système, le changèrent.

Tourville s'épuisa à la peine, et détruisit de bonne heure sa santé. Il mourut à Paris le 28 mai 1701.

Louis XIV ressentit vivement cette perte : il avait comblé d'honneurs l'illustre marin qui prit part à presque toutes les grandes expéditions de son règne, et toujours sur la première ligne.

COLBERT (Jean-Baptiste).

(Statue de M. Milhomme.)

Ce ministre est représenté enveloppé d'un manteau. Sa main droite tient un crayon, et sa main gauche qui est suspendue tient un rouleau de papier.

Cet illustre ministre naquit à Reims le 29 août 1619; sa famille était livrée au commerce : voilà la vérité, malgré la généalogie composée par Ménage, qui n'est qu'une basse et stupide flatterie.

Colbert aurait été, suivant quelques versions, employé un moment, en qualité de commis, chez les banquiers du cardinal Mazarin, *Canami* et *Mascrami*. Examinée, cette assertion paraît très vraisemblable: aussi, on ne peut guère comprendre que Colbert ait pensé qu'il convenait à ses intérêts de faire obscurcir ces faits. Avec un esprit aussi éclairé, aussi élevé, il ne s'est donc point mis au-dessus de cette portion des préjugés régnans; et, comme Turenne qui eût pu réunir des lumières plus variées dans son esprit, il a paru croire qu'une race valait mieux que de la grandeur personnelle.

Dès ses premières années, Colbert aima les sciences et les arts avec passion ; l'économie commerciale de-

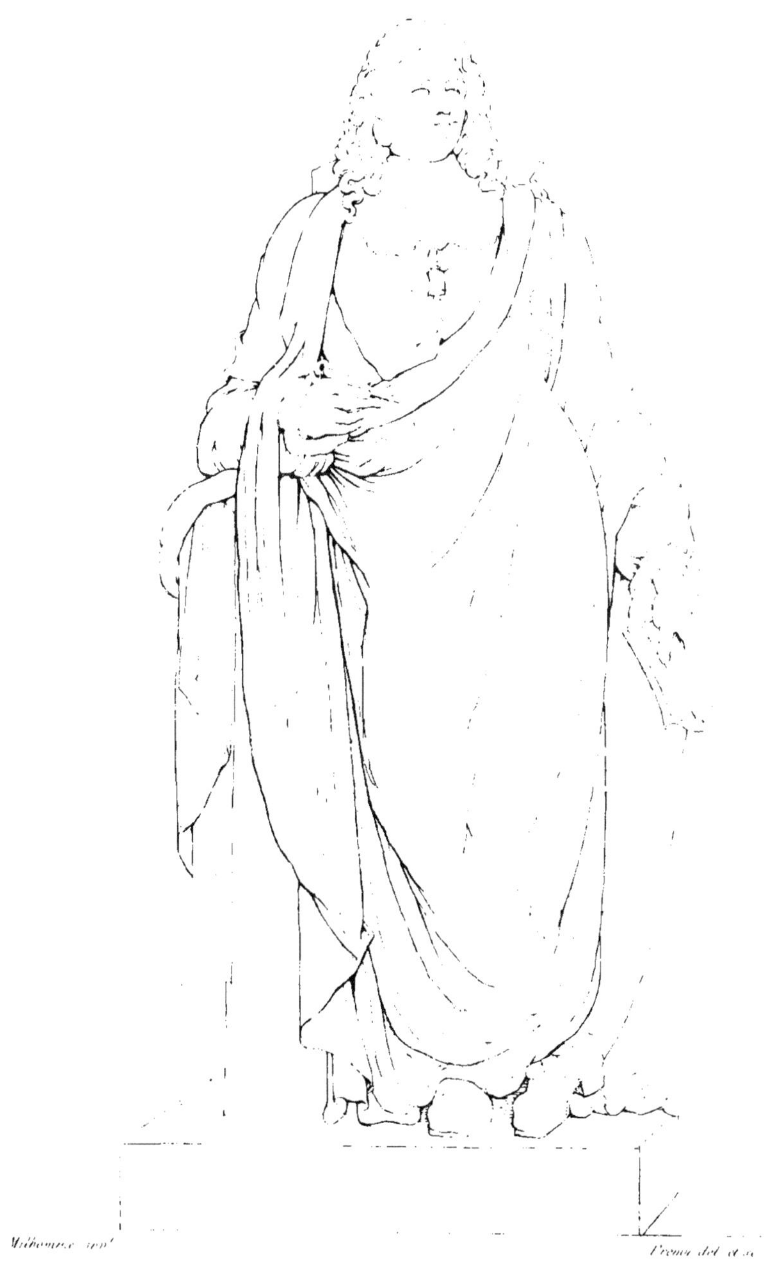

Milhomme inv. *Fremy del. et sc.*

COLBERT.

vint de bonne heure, pour lui, l'objet d'études attentives ; il y réussit. Plusieurs voyages qu'il fit dans les provinces de la France agrandirent ses idées : il se souvint de ses voyages lorsqu'il fut ministre.

Mazarin sut apprécier Colbert, et se l'attacha. Le jeune homme commença à travailler avec le ministre au mois de novembre 1646. A 29 ans, il fut nommé conseiller d'état.

Colbert prit parti pour le cardinal; il le suivit en *Bourgogne*, en *Picardie*, *en Guyenne*, en *Champagne.* Il était chargé des dépenses du service du jeune roi. Mazarin eut beaucoup à se louer de ses services, de son intégrité.

Colbert, devenu l'intendant de la maison du cardinal, fut l'intermédiaire secret entre Mazarin et la reine-mère, lorsque ce ministre fut forcé, en 1651, de sortir de France. Colbert recevait les lettres de Mazarin et les transmettait à la reine-mère qui lui remettait les siennes.

Colbert réunit un grand zèle à une extrême prudence : son secret ne fut point découvert; Condé même l'ignora toujours. Cette conduite lui valut la confiance entière de Mazarin. Aussi quand le cardinal rentra en France en 1652, le jeune conseiller d'état fut appelé à l'intendance de la maison d'Anjou, et devint, en 1664, secrétaire des commandemens de la reine.

En 1659, Colbert fut chargé, par Mazarin, d'une mission près de la cour de Rome. Il s'agissait du siège de *Candie* par les Turcs, et de démêlés entre le duc de Parme et Alexandre VII. Il échoua dans cette mission, et cet échec était inévitable : le pape haïssait le cardinal et ne voulut point seconder sa politique. Colbert revint.

Peu de temps après cette mission Mazarin mourut.

Colbert avait pris une part active dans les affaires difficiles du ministère de Mazarin, et les avait discutées, souvent en présence du jeune roi ; de sorte que ce prince connaissait toute sa capacité, quand Mazarin mourut. Le cardinal le lui avait même désigné dans ses derniers instans. Louis XIV le nomma donc intendant des finances ; plus tard, il eut la place de Fouquet, mais sous un autre titre.

Dès ce moment tout marcha dans l'administration : un ordre régulier s'établit dans les comptes ; des réformes, des améliorations furent introduites dans toutes les branches du gouvernement. Il devint celui du temps, des idées nouvelles. Trois millions furent diminués sur les impôts : le peuple bénit le roi et applaudit au choix de ce ministre. Colbert n'eut d'ennemis, dans les commencemens de son ministère, que parmi les gens d'affaires et de finances; mais leur haine fit son éloge et annonça à la France que de meilleurs jours se levaient pour elle.

Dans la première année de son ministère, les impôts s'élevaient à 81 millions, et, en 1683, l'année de sa mort, ils ne montèrent qu'à 87 ; les conquêtes avaient cependant agrandi le territoire ; le taux des monnaies s'était élevé ; les denrées avaient vu leurs valeurs s'élever également. La diminution des impôts, dans l'ordre de choses qui s'était accompli, était donc un fait frappant. L'honneur immense de ce beau résultat lui appartient en propre. C'est sa gloire ; nul autre n'est venu y apporter.

Avant le ministère de Colbert, la taille s'élevait à 53 millions : à la mort de ce ministre, on la trouva réduite à 35. Il projetait de la réduire encore.

L'ordre admirable que Colbert introduisit dans les finances, c'est-à-dire les résultats de cet ordre, lui permirent de faire face, sans appauvrir le royaume, aux énormes dépenses des guerres de Louis XIV ; de créer ensuite la plus belle marine.

Les mains de Colbert embellirent en même temps Paris, le couvrirent de monumens imposans. Il en fit autant dans les premières villes de France. Vous le voyez traçant des routes nouvelles partout, réparant celles qui étaient détruites. Ces travaux ranimèrent le commerce.

L'établissement des colonies de Cayenne, de Madagascar et de Québec fut l'ouvrage de ce ministre. Sous lui, le commerce du levant se vivifia ; celui du nord s'établit; de sages lois vinrent lier par des intérêts positifs les colonies et la mère-patrie. Les corsaires d'Alger, de Tunis et de Tripoli, qui infestaient les mers, furent écrasés et détruits par Duquesne.

Les ports de Brest, de Toulon et de Rochefort furent réparés; ceux du Havre et de Dunkerque furent fortifiés. Colbert créa des écoles de navigation. Notre marine devint, grâce à ses soins, à ses efforts et à ceux de quelques célèbres amiraux, l'égale, au moins, des marines anglaise et hollandaise, jusqu'alors maîtresses des mers.

Louis XIV était doué d'un esprit très juste, et il aimait la gloire. Il chercha celle qui est durable, et protégea tout mérite supérieur. Il n'aimait pas tant les lettres pour elles-mêmes que pour leur utilité sociale, et l'éclat qu'elles ont donné, dans l'histoire, à leurs grands protecteurs.

Colbert n'était frappé, non plus, que par ce côté des cultures de l'esprit humain. N'accordons pas alors trop d'éloges à ces encouragemens particuliers, sans doute prodigués par une munificence éclairée. On ne doit pas seulement un souvenir aux effets, on en doit un aux sentimens, aux goûts qui les ont amenés.

Colbert fonda, en 1666, l'académie des sciences, et se mit à sa tête. Sa justice y appela aussitôt les hommes qui honoraient le plus la France. Cette fondation avait été précédée, en 1664, par celle de l'académie d'architecture, de peinture et de sculpture.

Si Colbert, à son entrée dans les affaires publiques, avait eu moins de réformes à effectuer, son administration eût présenté des résultats encore plus frappans, plus grandioses. Forcé d'effectuer des réformes sur tous les points, il les fit vite, toutes à-la-fois. De là vient qu'il ne put pas toujours porter dans ses créations la maturité, la perfection qui devaient entrer dans ses travaux si pressés; le temps passa si vite que ses mains, bien que si actives, ne purent suffire au cours des choses et des affaires, du moins pour les finir avec un égal éclat. Le génie lui-même élude les difficultés quand le temps lui manque, et elles restent. Que son ébauche soit belle, cela n'est point douteux; mais cette ébauche, cette première création ne fera pas assez pour sa gloire. Heureusement, pour Colbert et pour nous, qu'il acheva souvent, quoiqu'il ait laissé à faire.

Ce ministre est celui à qui la France doit le plus d'utiles institutions, le plus de splendeur. Il était plein de prévoyance, de sens, d'ordre; et il rehaussait ces qualités par cet instinct de grandeur qui lui permit de comprendre Louis XIV, et de soutenir ses vues souvent élevées. Colbert qui a tant créé n'était pourtant entraîné par les nouveautés que lorsqu'elles lui paraissaient être d'incontestables perfectionnemens. Il ne fondait volontiers que lorsqu'il trouvait déjà les bases assises, et l'autorité d'un nom. Il eût fait bien moins de choses admirées, si les cartons de l'état n'eussent point été remplis des projets de Sully, de Richelieu, de Mazarin. Son mérite ne fut donc quelquefois que celui de faire passer habilement dans l'exécution les vues de ces hommes d'état. Ainsi, même ce qu'il a pu laisser en ébauche ne lui appartenait pas toujours.

Cette chaleur de l'âme qu'un homme distingué imprime à ses actes, à ses idées, ce feu de la parole qui signale les esprits supérieurs, paraissent lui avoir totalement manqué. Aussi personnellement, Colbert n'éblouit jamais: cependant quel éclat le pouvoir n'a-t-il pas jeté dans ses mains! Il faut expliquer cela : cet homme illustre, qui faisait, sur Louis XIV, l'effet d'un bourgeois logé à la cour, était sans éloquence; sa parole était sèche, et il affectait un air commun dans ses manières. Cette parole nue, ces traits vulgaires ne pouvaient donc frapper la foule, qui restait séduite par d'autres hommes distingués, et par ces gentilshommes si spirituels, si brillans, qui se pressaient au pied du trône de Louis XIV.

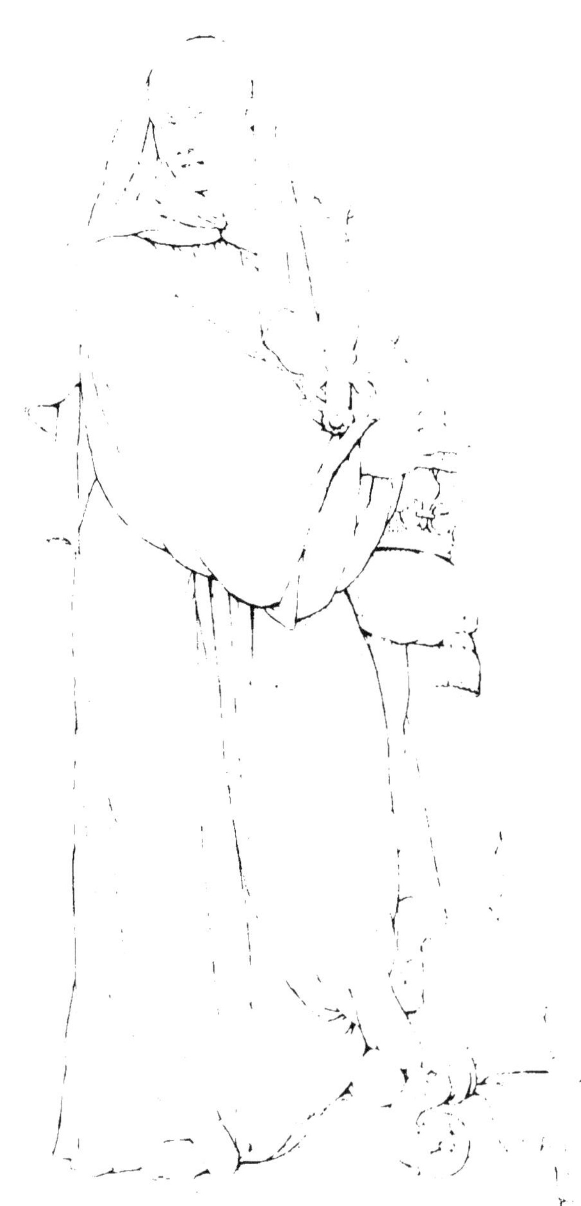

SUGER,

(Abbé de Saint-Denis), premier Ministre des rois Louis VI et Louis VII.

(*Statue par M. Stouf.*)

Suger est revêtu de l'habit de son ordre. Sa main gauche tient le sceptre, et l'autre protège la couronne.

Sous cette robe d'une vile bure, s'est révélé l'un de ces hommes sages et supérieurs, qui, en paraissant sur la scène du monde, prennent immédiatement les premières places, si hautes qu'elles soient, par le seul ascendant de leur intelligence, par la grandeur et la jeunesse des idées.

La main qui tint avec bonté la crosse des abbés de Saint-Denis, se sentit la force de porter le sceptre de France, pendant l'absence de Louis VII, allé en croisade.

Suger fit plus; il l'affermit et le couvrit de lustre par son administration, par de sages ordonnances, quand le roi l'affaiblissait à la guerre, par des désastres.

Avant cela, Suger avait tout fait pour empêcher cette expédition; il échoua parce que le roi voulut dans une monarchie sans contrepoids. Il fallut se résigner, il ne s'occupa plus alors qu'à parer, par une administration habile, régulière, vigilante, les coups que Louis VII allait porter à sa belle couronne, par-delà les mers de l'Europe.

Certes, il est né avec un esprit éminent celui qui, sortant de la foule comme Suger, prend çà ou là autorité sur ses semblables. Des intérêts consacrés par le temps ont pu élever des barrières; il n'y en aura point pour lui, et les abaisser sera son privilège. On sent sa supériorité; c'est une impression irrésistible, on y cède.

C'est là Suger, et sa marche dans son siècle. Il se place de lui-même sur les degrés les plus élevés du trône, à l'une des époques absolues de l'inégalité féodale. Comment imaginer que les démarcations se conservent intactes, entre ce qui est constitué, respecté, et ce qui est haut, plein de vie; entre ce qui domine par le fait, et ce qui éblouit l'âme, tous les yeux, ce qui subjugue par sa lumière le tour différent des esprits.

Ces hommes rares entraînent les sociétés sur leurs pas, parce que leur vive intelligence est pleine de jeunes idées; parce qu'elle sait les défendre, et qu'elle est leur expression première et la plus animée.

Nous trouvons donc, dans cet ascendant des idées de progression, le secret de l'élévation de Suger, de son empire sur ses contemporains. Mais, après avoir si habilement servi Louis VI et Louis VII, la tête lui tourne : son esprit qui a vieilli, qui s'est affaibli tout-à-coup, rebrousse son siècle, et n'écoute pas même les dures leçons d'une expérience qui finissait à peine : Suger qui a désapprouvé les *Croisades*, les approuve à présent ; et lorsque son maître est revenu battu et sans illusions, il songe lui, qui n'est plus ce sage ministre qui gouverna si bien à sa place, mais un vieillard malade et emporté, à conduire avec sa crosse une nouvelle armée en Orient.

Etrange suite des faits dans la vie du même homme! Une haute raison peut donc s'obscurcir tout-à-coup, et passer de la sagesse aux points les plus extrêmes ! C'est donc là ce qui conduit les empires! c'est aussi ce qui amène les intervalles de décadence qui nous frappent.

Dieu eut pitié de ces projets, et rappela à lui l'illustre prêtre, dans le feu même de ses desseins, et au milieu de véritables préparatifs de guerre, en 1152. Suger était né, dit-on, à Saint-Denis, en 1087, de parens pauvres.

BAYARD.

(*Statue de M. Moutoni*)

Le chevalier est revêtu du costume guerrier du temps.

Héros admirable, et l'un des plus purs de la fin du moyen âge, né en 1476, d'Aymond du Terrail, et d'Hélène des Allmans, au château de Bayard, à six lieues de Grenoble. Sa famille est qualifiée, dans les chroniques, d'*ancienne chevalerie*, d'*écarlate de la noblesse*. Il fut soigneusement élevé par son oncle, Georges du Terrail, évêque de Grenoble, prélat vertueux. « Sois, disait-il, à Bayard, noble comme ton trisaïeul qui fut tué aux pieds du roi Jean, à la bataille de Poitiers ; comme ton bisaïeul et ton aïeul qui eurent le même sort, l'un à Azincourt, et l'autre à Montlhéry; et enfin comme ton père qui fut couvert de blessures, en défendant sa patrie ». Le jeune enfant écoutait avec attendrissement ces récits dont il sut ensuite effacer la gloire.

Bayard fut admis à treize ans dans les pages du duc de Savoie. Celui-ci le donna au roi Charles VIII, que le jeune homme avait charmé à Lyon, par son adresse à manier un cheval. Le roi se l'attacha, et confia son éducation à un officier de sa maison, Paul de Luxem-

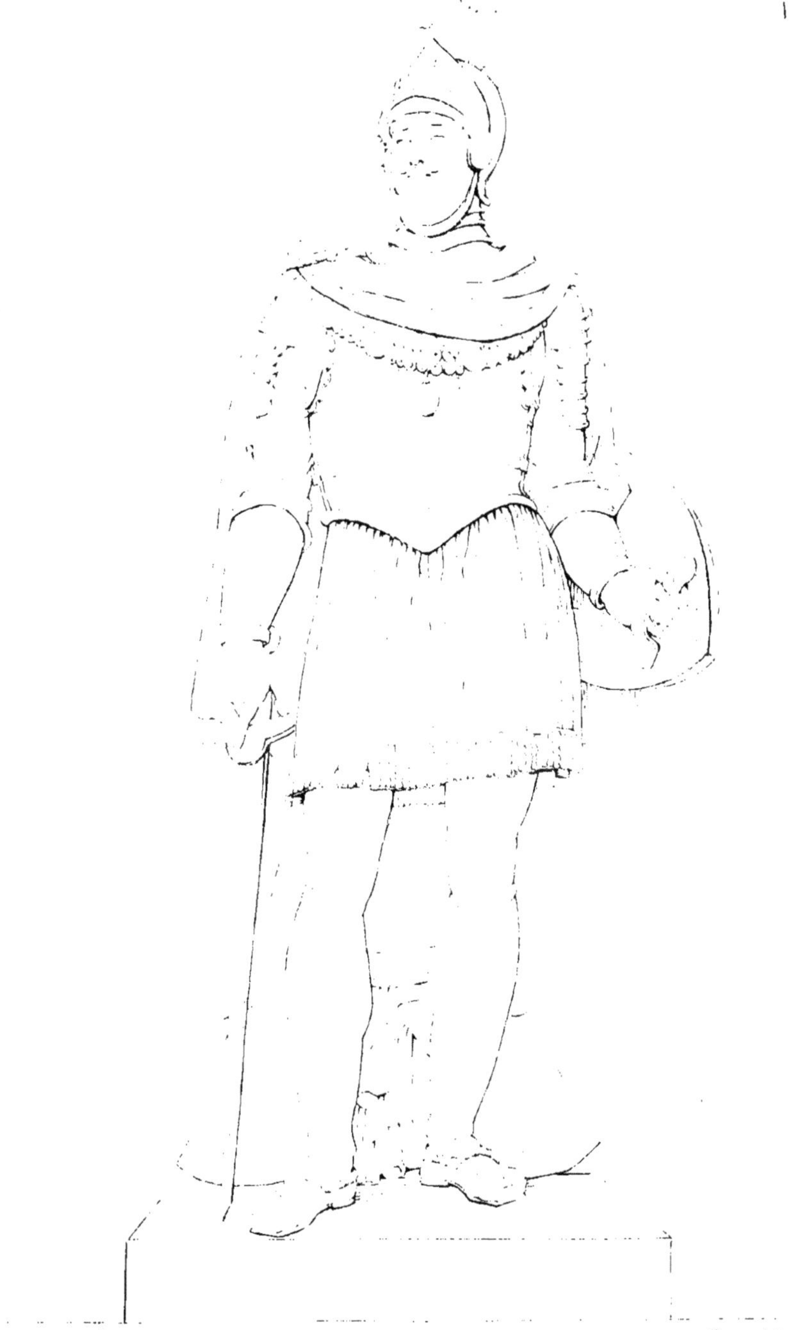

BAYARD.

bourg. Bayard entra dans la compagnie d'hommes d'armes que commandait cet officier.

C'était le siècle des tournois. Le jeune gentilhomme y brilla. A dix-huit ans, il suivit Charles VIII en Italie, et fit des prodiges de valeur à la bataille de *Fornoue.*

Au commencement du règne de Louis XII, dans la guerre d'Italie, il tomba dans les mains des ennemis. C'était à Milan, dans les faubourgs mêmes de cette ville, où il avait poursuivi plusieurs cavaliers. *Ludovic Sforce*, vivement frappé par ce brillant courage, eut la générosité de le renvoyer sans rançon au camp français.

A l'exemple de l'intrépide romain Coclès, il défendit seul un pont pratiqué sur la *Garigliano*, et sauva l'armée française. Ce fait est exact quoiqu'il soit presque incroyable. « Il s'accula, dit un récit du temps, à la barrière du pont, et à coups d'épée se défendit si bien qu'ils ne savaient que dire, et ne cuidaient point que ce fût un homme, mais un déable. »

Sous les yeux de Louis XII, il détermina la soumission d'un fort situé devant Gênes. Cette affaire fit rentrer cette ville, qui s'était insurgée, dans les mains des Français.

En 1509, lorsque la ligue de Cambrai eut rallumé la guerre en Italie, l'armée française rencontra celle des Vénitiens près d'*Agnadel.* Bayard qui commandait l'arrière-garde, imagina de lui-même d'aller les attaquer dans des marais; il les surprit en flanc, les rompit, et décida une victoire.

Un trait fort connu de la vie de ce capitaine, est celui-ci : blessé à l'assaut de Brescia, il accorda une protection particulière à la maison où ses soldats le portèrent pendant le sac de la ville; car alors la guerre se faisait souvent sur ce pied-là. Il sauva cette maison que son chef venait d'abandonner, et l'honneur de deux jeunes personnes. Celles-ci le comblèrent de soins durant sa maladie. Sa blessure se ferma vite. Avant de partir pour rejoindre l'armée, il refusa 2,500 ducats que lui offrit cette famille reconnaissante, ou plutôt il les partagea entre les deux jeunes filles, dont cette somme commença la dot. Ce trait de générosité est fort simple, dans la position où était Bayard, et rien n'explique la prédilection, l'engouement des artistes qui le copient sans cesse.

Il rejoignit l'armée au camp devant Ravenne, où commandait *Gaston de Foix*. Bayard opina pour la bataille où périt le jeune héros.

Il fut blessé encore sur le champ de bataille de Pavie.

La guerre rouverte par une aggression de Ferdinand-le-Catholique dans la Navarre, l'appela au-delà des Pyrénées. Il y fit éclater l'héroïsme et les talens qu'on lui connaissait. Les revers de l'armée française ne donnèrent que plus d'éclat à sa propre gloire.

Après l'avènement de François Ier, Bayard fut chargé d'ouvrir à l'armée française, en Dauphiné, le chemin des Alpes et du Piémont. Son plan fut deviné. Colonne vint l'attendre dans les montagnes, afin de le surprendre; mais ce fut Bayard qui le surprit. Il le fit même prisonnier.

Bayard s'illustra à Marignan. Après la victoire, il y arma son roi chevalier.

A peine le roi de France avait-il vaincu à l'extérieur, qu'il fut attaqué devant *Mézières*, par toutes les forces de Charles-Quint. Bayard y vola avec l'armée, et, après d'héroïques efforts, il fit lever le siège; là, il sauva la France.

François Ier le renvoya en Italie. Gênes s'était soulevée de nouveau contre les Français: il soumit *Lodi*; mais la fortune changea: les armées, commandées par Bonivet, furent battues; ce général en chef blessé; de sorte qu'il fallut que Bayard prît le commandement de l'armée, en retraite. Arrivé entre *Romagano* et *Gattinara*, il s'agissait de passer la rivière de la Sésia: l'ennemi était en présence, et supérieur en nombre. Bayard effectuait cependant ce passage; il était sur les derrières de l'armée, où il encourageait de la voix les colonnes les plus chargées, lorsqu'une pierre lancée d'une arquebuse, le frappant au côté droit, lui rompit l'épine du dos. « Jésus, mon Dieu! s'écria Bayard, je suis mort »! c'était le 30 avril 1524. On courut à lui, on le retira de la mêlée. Il expira bientôt au pied d'un arbre, commandant encore la charge, et la face tournée du côté de l'ennemi. On sait que près d'expirer, le connétable de Bourbon se présenta devant lui; ce prince pleura en le voyant. Mais Bayard lui dit : « Ce n'est point moi qu'il faut plaindre, mais vous qui combattez contre votre patrie. » (1)

Bayard ne commanda jamais d'armée en chef, excepté dans cette retraite. Cependant, il fut fort supérieur aux généraux sous lesquels on le plaça successivement. La postérité reproche à François Ier de ne lui avoir point donné ce premier commandement qui eût épargné de grands désastres à la France. On peut expliquer par des raisons naturelles, toujours décisives, pourquoi, malgré sa popularité et sa gloire, il n'a jamais joui de la plus haute faveur. Bayard n'avait rien de souple dans le caractère; il n'allait point à la cour pour plaire et solliciter des grâces. C'était tout simplement un chevalier, plein de vertus franches, d'intrépidité. Ses princes ne le voyaient guère que sur les champs de bataille.

Sans être un capitaine d'une très haute capacité, il avait un tact extrême, l'expérience de la guerre qu'il aimait. Il avait approfondi son art, était prudent ou rempli d'audace, selon les évènemens. Il eût fait fort bien peut-être dans un premier commandement, sans se placer pourtant à côté des maîtres.

---

(1) Un jour, on disait à M. Alexis Dumesnil, l'un des hommes les plus intrépides, l'un des beaux talens de notre âge. « Comment concevez-vous le bonheur ? — Je ne l'ai jamais compris que d'une seule façon, répondit-il, et voici comment : Frappé à mort, après avoir sauvé ma patrie, et couché sur le lit funèbre, expirant aux sons d'une musique harmonieuse, et parmi les louanges de mes amis qui de leurs mains presseraient mes mains défaillantes. » (*Album (Journal)* n° du 5 novembre 1821)

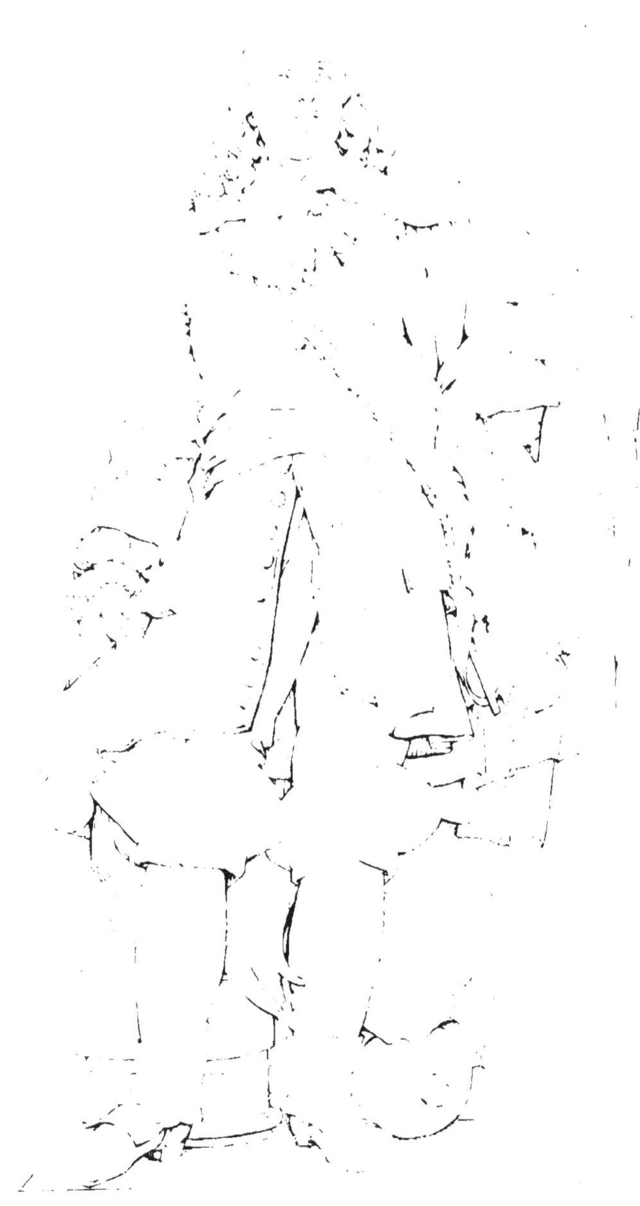

TURENNE.

Le Maréchal est représenté en grand costume militaire.

(*Statue de M. Gois.*)

Henri de Latour d'Auvergne, vicomte de Turenne, naquit à *Sedan*, le 16 septembre 1611. Il était le second fils de Henri de Latour d'Auvergne, duc de Bouillon. Sa mère Elisabeth de Nassau, était fille de Guillaume Ier, prince d'Orange.

Cette famille avait pris la part la plus active dans les guerres religieuses du seizième siècle. Turenne ne suivit point son exemple: il ne se mêla jamais, du moins d'âme, à des controverses de religion. Né avec un esprit juste, réservé, il se tint éloigné des erreurs du zèle. Peut-être que dans ces commencemens de sa noble vie, il chercha un peu trop tôt la ligne de ses intérêts de rang.

Son instruction passa la mesure de celle qui était donnée aux jeunes seigneurs de ce siècle; cependant elle fut encore assez limitée. Après cela, le travail, des méditations, la connaissance des hommes imprimèrent une grande rectitude à ses idées. Si son esprit ne se montra pas, de sa seule force, très distingué, ces études du moins le rendirent net et profond.

Turenne apprit bien l'histoire, la géographie, la science politique du temps; on veut dire qu'il se rendit compte des intérêts des états entre eux ; mais ces notions politiques ne furent assez complètes que vers la fin de sa vie.

Suivons-le depuis ses premières années.

Très jeune, sa complexion était fort délicate ; malgré cela, cet art si rude de la guerre lui inspirait seul une passion très vive. Son esprit sage ou froid la refusait aux questions qui agitaient ses contemporains. Ainsi cette intelligence ne s'enflammait qu'au souvenir de *César*, d'*Annibal.*

Ce fut chez ses oncles, *Maurice* et *Henri de Nassau*, que Turenne alla faire son premier apprentissage. On sait qu'il commença, et de sa propre volonté, par être simple soldat. Il monta ensuite à quelques grades, et fit la guerre. Dès-lors, il essaie de s'approprier par la pratique, la réflexion, l'art immense dont il va devenir l'un des grands maîtres. Il resta cinq années au service de la Hollande; après cela il rentra en France. Il fut accueilli parfaitement à la cour, et nommé colonel d'infanterie. Il alla se battre en Lorraine. Sa première action fut belle, et assura la prise du fort de *Lamotte.* Le jeune colonel fut fait *maréchal-de-camp*, après cette affaire.

Il suivit le cardinal de La Valette, qui marchait au secours de *Mayence*. Le manque de vivres força ces deux généraux à rebrousser chemin; ils firent alors une belle retraite par la province des *Trois-Évêchés*.

Ces chefs habiles prirent revanche, l'année suivante, à *Saverne*, qui fut emportée par un assaut meurtrier. Turenne y fut blessé assez grièvement au bras. Il battit de nouveau l'ennemi à *Jussey*, et lui fit repasser le Rhin.

Turenne suivit le cardinal de La Valette en Flandres. Il y contribua puissamment à la prise des villes de *Landrecies* et de *Maubeuge*. Il réduisit le château de *Solre*.

Richelieu donna l'ordre à Turenne de conduire quelques renforts au duc de Weymar. Cet allié, aidé par Turenne, prit *Brisach*. A la mort du célèbre capitaine allemand, il se rendit en Piémont, où, en arrivant, il reçut le dernier soupir de La Valette. Le duc d'Harcourt vint remplacer ce chef dans le commandement de l'armée, et s'adjoignit Turenne qu'il chargea d'opérations des plus importantes. Les mains du jeune général effectuèrent cette savante, cette retraite si opiniâtre, dans les environs de *Quiers*, en 1639, où deux mille Français soutinrent avec avantage, le choc de neuf mille Espagnols.

Le résultat de ces opérations remarquables fut la prise de *Turin*.

A la suite de ces belles affaires, Turenne fut créé lieutenant-général, et commanda en chef un moment, pendant l'absence du duc d'Harcourt.

Richelieu offrit au général la main d'une de ses nièces. Le jeune descendant des *Bouillon* refusa, mais avec l'embarras le plus adroit, et en se fondant sur cette seule difficulté, la différence des religions. Comme les formes sociales furent observées dans cette petite négociation, Richelieu n'y prit point d'humeur, et continua son estime et sa confiance à Turenne.

Lorsque le cardinal de *Richelieu* et *Louis XIII* ne furent plus, à l'avènement de la régence, formée pour gouverner dans la minorité de l'héritier de la monarchie, Turenne reçut le bâton de maréchal. Il n'avait que trente-deux ans : la cour voulut se l'attacher par cette faveur éclatante. Son frère, le duc de Bouillon, était dans le parti qui combattait Mazarin. Turenne accepta malgré cela, ce haut grade, et avec autant d'adresse que de dignité. Ses rapports de famille restèrent les mêmes, et il fut d'abord fidèle à la cour.

Cependant Mazarin ne parut point assuré de cette fidélité : il l'envoya en conséquence, à l'armée d'Allemagne. Turenne y recueillit les débris du désastre de *Duttlingen*, et réorganisa cette armée. Il allait, dès le mois de mai 1644, en venir aux mains avec le comte de Mercy, commandant l'armée impériale, lorsque Condé arriva.

Condé amenait des renforts; il prit le commandement général. C'est ici que pour la première fois, ces deux hommes illustres parurent ensemble. Tous deux parurent sur ce terrein avec les qualités naturelles à leur génie. La prudence de Turenne y effaça certainement en éclat solide les mesures vives, emportées,

« de haute lutte », de son rival. Une bataille s'engagea devant *Fribourg*. Condé, suivant obstinément ses idées fit attaquer deux jours de suite, et toujours inutilement les retranchemens formidables de Mercy : il échoua. Le troisième jour, se rendant à l'avis de son émule, il prit le parti d'attaquer les impériaux, par la vallée de *Bloterthal*, ce qui le conduisit sur le derrière de leurs lignes. La retraite commença alors immédiatement. L'ennemi eût pu y être contraint, dès le premier jour.

A Mariendal, la dispersion de la cavalerie française, fournit au général Mercy, l'occasion de surprendre Turenne, et de lui faire essuyer un échec assez grave ; mais des dispositions promptes et habiles réparèrent le mal : l'ennemi ne sut point d'ailleurs profiter de cet avantage. Turenne eût bientôt pris sa revanche sur les Bavarois, si les ordres de Mazarin ne fussent point venus lui prescrire d'attendre le retour de Condé, au quartier général. Ce prince faisait alors le siège de quelques places fortes situées le long du Rhin : il revint impatient de venger l'affront que venaient de recevoir nos armes, et se décida sur-le-champ à livrer bataille. Il était à Norlinghen. Turenne n'approuva point quelques dispositions improvisées de cette bataille. Il eût voulu moins offrir au hasard ; cependant il se soumit avec modestie, quand une fois bataille arrêtée et se mit à la tête de l'aile gauche ; il se couvrit de gloire : sa valeur, ses talens donnèrent la victoire aux Français.

Condé écrivit à la reine que ce grand succès était dû aux talens du vicomte. Ce trait d'une justice élevée, fit plus d'honneur à ce prince qu'une bataille gagnée.

Turenne vint passer quelques momens à la cour : il y fut reçu avec de grandes marques de considération.

Dans ce voyage, il fit adopter au cardinal le plan d'une jonction avec les Suédois : puis il alla les trouver dans la Hesse. Dès qu'il fut revenu à l'armée, tout se soumit; et les Impériaux s'éloignèrent promptement, mais Mazarin, trompé par les promesses du duc de Bavière, donna ordre à Turenne de sortir de l'Allemagne, et de revenir sur le Rhin.

Il revint, et cette retraite était à peine terminée, que les Bavarois reprirent les armes, et forcèrent le général français à courir au secours des Suédois.

La nouvelle campagne se fit avec la rapidité de la foudre. Turenne envahit en quelques jours toute la Bavière; il était aux portes de Vienne, lorsque les plénipotentiaires, réunis depuis cinq années à Munster, signèrent cette célèbre paix, dite de *Westphalie*, le 24 octobre 1648.

Les exploits de Turenne influèrent puissamment sur cet acte important, qui a été depuis une sorte de loi politique pour l'Europe.

En France, des troubles intérieurs, occasionés par des ambitions de cour, donnaient naissance à la *Fronde*. Elle était alors dans toutes ses fureurs. La famille de Turenne y prenait une part importante. Aussi la cour ne tarda point à se défier du général, et lui retira le commandement de l'armée d'Allemagne. Turenne passa en Hollande. Rien ne fut plus misérable que cette parade d'une révolution, faite par les bourgeois de Paris, soulevés par leur archevêque contre un cardinal italien.

La convention de Ruel, dans laquelle les intérêts de la Maison de Bouillon étaient reconnus, ramena le vicomte à Paris ; mais la prompte violation de cette convention, de nouvelles prétentions élevées par cette famille, l'amour du général pour la duchesse de Longueville, sa parente, et surtout le coup d'état de l'arrestation du prince de Condé, séparèrent une seconde fois Turenne des intérêts de la régence. Il alla rassembler des troupes à Stenay, et y ouvrit une campagne contre la cour. Après des prodiges de valeur, après les plus belles manœuvres, Turenne accepta une bataille à Rhétel, et y fut défait par l'armée royale; il y perdit la moitié de ses troupes; ce revers l'abattit.

Dès que la cour fit savoir qu'on pourrait négocier, il écouta, et accueillit des bases. Des pourparlers, des négociations s'entamèrent ; il répondit à ces avances, et refusa les nouveaux subsides de l'Espagne. Le jeune roi lui écrivit alors la lettre la plus flatteuse, et il y fut très sensible. A sa considération, son frère, le duc de Bouillon, obtint des compensations: alors le vicomte n'hésita plus et revint franchement, à la cour.

Ce culte des intérêts particuliers, a quelque chose d'affligeant pour l'âme; il est malheureusement de tous les temps. Ce sont les masses qui en souffrent. Alors ces prétextes du bien public qui poussent toujours à la guerre civile, se décolorent; ils paraissent à nu, et c'est une chose pitoyable.

Lorsque Condé prit les armes contre la cour, Turenne lui fut opposé immédiatement, le battit à Gergeau, à Gien, sous les murs d'Etampes, et enfin dans cette terrible affaire du faubourg Saint-Antoine, où la fortune trahit les efforts et les talens du prince.

Cette issue de la rébellion perdit les ennemis de la cour, et retint la couronne dans les mains du jeune roi. Dès-lors le crédit de Turenne devint sans bornes; dès-lors le commandement en chef des armées parut lui appartenir.

En 1654, il fut envoyé contre Condé qui commandait les Espagnols, et faisait le siège d'Arras; il fit lever ce siège, à la suite de faits d'armes et de manœuvres admirées par tous les hommes de l'art.

Turenne fut battu plus tard, à Valenciennes, par Condé; il fit alors sa belle retraite sur le *Quesnoy*, une des plus frappantes preuves de la puissance du talent stratégique contre le nombre.

La paix des Pyrénées rouvrit à Condé les portes de la France. Cette paix fut le prix des savantes victoires de Turenne.

Rentré dans la paix de la vie civile, l'éloquent Bossuet convertit Turenne, le fit abjurer et le donna à l'Eglise catholique. Ce fut vraisemblablement une conversion à la manière de Henri IV. Quelques regrets exprimés par le roi sur ce qu'il trouvait un obstable, mais un seul, à la plus haute élévation du maréchal, influèrent nécessairement sur cette abjuration. Turenne vit l'épée du connétable au bout de la cérémonie, et s'y laissa aller. Cela se fit ainsi, on peut croire, du moins d'après les antécédens. Seulement, il ne vécut point assez pour recueillir; il ne put ceindre cette magnifique épée à la place de celle qui avait gagné tant de batailles.

Ce grand homme commanda de nouveau dans la campagne de Hollande, en 1672. Lorsque le roi eût quitté l'armée, Turenne devint généralissime, et tira de beaux résultats d'opérations nouvelles, où il fut libre, et suivit son génie.

Les Hollandais étaient sous les ordres du prince d'Orange, et réunis aux armées de l'Empire, et de l'électeur de Brandebourg qui s'étaient coalisées. Turenne eut à lutter contre des masses d'ennemis, où commandait en première ligne l'illustre *Montécuculli*, qu'il rencontrait pour la première fois sur les champs de batailles. Il fut présent à tout, fit face à toutes les nécessités, déjoua tous les dangers.

Enfin, après des marches longues, savantes, mais sans résultats, ces armées que commandait le premier général de l'Empire se retirèrent, sans avoir voulu risquer une grande bataille. Alors se fit cette effroyable campagne du Palatinat, dans laquelle ce beau pays fut mis à feu et à sang. Turenne se battit, ici, avec des ressentimens vieillis, avec une vive colère. Quoi qu'il en soit, cet épisode a fait tache dans sa belle vie; c'est conscience à l'histoire de le dire, de ne point l'affaiblir. Avec cela, s'explique-t-on que cet homme, si modéré, si humain, ait pu s'emporter jusqu'à écrire à Louvois « qu'il était utile au service du roi que le pays fût *mangé*, pillé, brûlé. »

La campagne de 1674 fut extrêmement brillante. Turenne attira les armées de l'*Empire*, de la *Hesse*, de la *Saxe*, sur un terrein qu'il avait étudié, à *Insheim*; et là, les défit complètement; puis il se retira en Lorraine. Il revint les attaquer, quand elles se furent dispersées en Alsace, les battit à *Colmar*, à *Mulhausen*, à *Turckeim*, et les força de repasser le Rhin.

Après ces difficiles opérations, Louis XIV l'invita à se rendre à la cour. Sa réception y tint du triomphe.

L'année suivante, en 1675, Turenne rouvrit une seconde campagne contre *Montécucculli*. Après des manœuvres savantes, difficiles, et au moment où il croyait avoir arrêté l'ennemi de manière à pouvoir en finir, un boulet qui avait été tiré au hasard vint le frapper dans l'estomac. Turenne mourut au village de *Salzbach*, en Alsace, le 27 juillet 1675.

La vie de Turenne est pleine de faits d'armes, d'opérations stratégiques qui seront toujours la leçon des hommes de guerre. Ces faits ne marquent pas essentiellement cette inspiration nette et du moment, qui arrive chez quelques capitaines, en face même du péril; mais ils marquent cette prudence judicieuse, élevée, affaire du tact et du jugement, qui n'étouffe point l'élan du courage, mais qui le retient pour l'employer à propos.

Turenne était un homme supérieur, lorsqu'il venait appliquer des idées mûries, approfondies dans le silence. Alors il savait admirablement conduire les hommes, au feu. Ce mérite est le premier de tous, quand il est dirigé par une science presque certaine, quand elle en est l'âme. Ainsi, bien qu'il n'eût point d'enthousiasme dans l'esprit, il avait cette hauteur qu'on peut tenir du calcul, de la vue précise des faits. Son courage n'éclatait point comme celui de Condé, dans la suite d'une vive, d'une saisissante impression; il avait plutôt cette audace du sang-froid, toujours si décisive, produit d'un caractère intrépide, de la connaissance des difficultés, du génie des vues.

Turenne ne fut point éloquent. Comme César et Bonaparte, il n'eut point ce secret des paroles fortes, si puissantes sur les masses. Voltaire dit très bien que la plume à la main, il ne fut ni César ni Xénophon.

Ses mœurs étaient simples, douces. Personnellement il se montra toujours désintéressé. En effet, il consacrait aux besoins des soldats les immenses traitemens qu'il recevait de l'état : ses mains restèrent pures dans un long maniement de finances. Sans doute, il aima les honneurs, mais seulement pour son nom; il foula aux pieds les richesses. Depuis Turenne, un émule qui l'a effacé, le jeune Bonaparte, maître de l'Europe, premier consul en France, a rappelé ce désintéressement antique: il avait levé des tributs sur vingt peuples divers, et jusqu'aux portes de l'ancienne Thèbes; mais ces tributs magnifiques n'avaient enrichi que les musées et les caisses de l'état. Ses mains victorieuses n'avaient gardé que la gloire.

Des imperfections se remarquent dans le caractère de Turenne; par exemple, il eut la faiblesse d'attacher une excessive importance à la noblesse de sa famille, et d'être plus fier pour son nom du pâle reflet qu'elle lui transmit que de ses victoires. Le cercle assez limité où roulaient ses idées et ses études vient expliquer ces singularités d'opinions.

FIN.

www.ingramcontent.com/pod-product-compliance
Ingram Content Group UK Ltd.
Pitfield, Milton Keynes, MK11 3LW, UK
UKHW021557260726
13993UKWH00002B/897

9 782329 572215